JN077270

精選

Q&A

税理士法人チェスター
CST法律事務所
〔編著〕

相続税・贈与税全書

相続基本編

清文社

発刊にあたって

　令和２年現在、東京都では相続が発生したうちの23.3%、つまり４件に１件は相続税の申告を行うようになっています。高齢化が進むにつれて今後も相続税の申告件数が増えていくことが予想されます。

　一方、税理士１人あたりの相続税申告件数は、年間1.5件程度です。これは多くの税理士が相続税申告の経験が少ないことを表しています。

　相続税申告業務にまったく同じ案件というものはなく、相談内容についても多岐にわたります。似たような状況であっても少しの違いで結論が変わってしまうことも少なくありません。相続税は個別性が高く、少しの油断や見逃しが税務上の大きなミスにつながるという側面があり、多くの実務家を悩ませています。

　私たち税理士法人チェスターでは、資産税専門の税理士法人として年間約2,000件、累計１万件を超える相続税申告を行ってきました。

　本書は、香取稔税理士、CST法律事務所ならびに弊社社員により、最新の法令、判例等をもとにこれまでの所内事例を合わせ、税理士、公認会計士等、相続税実務に携わるすべての実務家に向けて相続税実務におけるあらゆる論点について網羅できるような書籍として執筆いたしました。

　第１冊として相続基本編、第２冊として財産評価編、第３冊として相続対策・税務調査編といった全３冊による幅広くカバーした構成で、実務上よく相談を受ける事柄や間違えやすい事項について、Ｑ＆Ａ形式により論点ごとにポイントをわかりやすく解説しています。

　本書が相続税実務に携わる実務家の皆様のお役に少しでも立てば幸いです。

最後に、本書の企画から執筆にいたるまで、ご助言をいただきました株式会社清文社の藤本優子氏、杉山七恵氏、立川佳奈氏に、心より厚く御礼申し上げます。

　2022年11月

税理士法人チェスター

福留正明

荒巻善宏

はじめに

　現在、全国では、被相続人9人に1人の割合で相続税の申告書が提出され、11人に1人の割合で相続税の課税対象となっています（令和2年国税庁記者発表）。特に、東京都心の麹町・渋谷・目黒では、課税対象となる割合が3人に1人にまでなっています。高齢化に伴い、今後は相続案件がさらに増え続けていくと予測されています。

　このように、相続税は国民に身近な税であるものの、その制度や評価方法などは、専門家でさえ判断に迷うケースがあるほど複雑難解です。ところが、一般の方や経験年数の浅い士業者などにもわかりやすく解説されている書籍は、残念ながら少ない状況にあります。

　本書は、まず「第1編　民法相続」において、相続人の範囲、遺産分割、遺言、遺留分侵害額請求など、相続対策を考える際に前提となる民法相続編（民法882条から1050条まで）の基礎知識や手続きについて解説しています。
　そして、「第2編　相続税・贈与税」では、相続税・贈与税の基本事項や相続対策に活用できる特例等について解説しています。

　執筆にあたっては、まったく知識のない方にもご理解いただけるよう、できるだけ平易な言葉で解説することを心がけました。また、各事例にはポイントを設け、実務上の留意点や参考となる他事例を紹介しています。さらに、文中にはそれぞれ根拠となる法令等の条文を明記し、主要な裁判例にも言及しています。どのような法分野においても、法令等の条文自体には解釈の余地が生じてしまうことから、実際の事例を解決する場合には、裁判所の判断を先例として参照する必要があります。

相続対策を検討する際には、課税関係の基礎となる私法上の法律関係を押さえておくことが肝要です。そして、個別具体的なケースにおいて有効な対策を導き出すためには、相続税・贈与税についての基礎的かつ網羅的な知識を有していることが望まれます。本書が、相続対策を考える一般の方や、それをサポートする実務家の皆様のご参考になれば幸いです。

　令和4年11月

税理士　河合　厚
弁護士　山田庸一

Contents

第3章　配偶者居住権

第4章　遺言等

第2編

相続税・贈与税

第1章　相続税の概要と納税義務者

第2章　相続税の課税財産

※本書は2022年10月末日現在の法令等に基づいています。

【凡 例】

◆法律名略称

民……………………………民法

改正民………………………令和3年法律第24号による改正民法

(令和5年4月1日施行)

家手法………………………家事事件手続法

改正家手法…………………令和3年法律第24号による改正家事事件手続法

(令和5年4月1日施行)

家審法………………………家事審判法

借借法………………………借地借家法

不登法………………………不動産登記法

改正不登法…………………令和3年法律第24号による改正不動産登記法

(令和5年4月1日施行) ※一部、令和6年4月1日施行

遺言書保管法………………法務局における遺言書の保管等に関する法律

国通法………………………国税通則法

法法…………………………法人税法

所法…………………………所得税法

所令…………………………所得税法施行令

所基通………………………所得税基本通達

相法…………………………相続税法

相令…………………………相続税法施行令

相基通………………………相続税法基本通達

評基通………………………財産評価基本通達(相続税財産評価に関する基本通達)

措法…………………………租税特別措置法

措令…………………………租税特別措置法施行令

措規…………………………租税特別措置法施行規則

◆（　）内においては、下記例のように略語を用いています。

相法51②一ハ………相続税法第51条第2項第一号ハ

第 1 編

民法相続

第 **1** 章

相続人の範囲

本章では、遺産相続において出発点となる、相続人の範囲について
概説します。

相続人の範囲に対する認識を誤ったり、その認識が不正確であったり
すると、正しい遺産分割が実現できず、各種の相続手続にも支障が
生じかねません。

そこで、本章では、相続人の範囲に関し、基礎的な理解からよくあ
る論点、紛争となるポイントまでを取り上げます。

Q1 相続人の範囲と相続割合

（1）父が死亡しました。母Ａは存命で、子どもは、長男Ｂと次男Ｃ（私）です。相続人と相続の割合はどうなりますか。【相続人：配偶者、子パターン】

（2）私（父）Ｘと妻（母）Ｙの長男が、妻Ｚと結婚しましたが、子ども（孫）のいないまま死亡しました。その場合の相続人と相続の割合はどのようになりますか。【相続人：配偶者、直系尊属パターン】

（3）私の兄（長男）が、妻Ｅと結婚したものの子どもがいないまま死亡しました。父母はすでに亡くなっています。兄弟は、私（次男）Ｆと長女Ｇ、次女Ｈで、兄も含め、父母の実子です。その場合の相続人と相続の割合はどのようになりますか。【相続人：配偶者、兄弟パターン】

A　各ケースにおける相続人の範囲とその相続割合（法定相続分）は以下のとおりです。

（1）配偶者と第1順位の子が相続人のケースです（民887①、890）。

母Ａ：2分の1、長男Ｂ：4分の1、次男Ｃ：4分の1

（2）配偶者と第2順位の直系尊属が相続人のケースです（民889①一、890）。

妻Ｚ：3分の2、父Ｘ：6分の1、母Ｙ：6分の1

（3）配偶者と第3順位の兄弟姉妹が相続人のケースです（民889①二、890）。

妻Ｅ：4分の3、次男Ｆ：12分の1、長女Ｇ：12分の1、次女Ｈ：12分の1

1 相続人確定の必要性

　遺産分割は、原則として相続人全員の協議により行う必要があり、一部の相続人を除いて行われた遺産分割協議は無効です。また、遺産分割の調停・審判においても、相続分の譲渡（民905①参照）や相続分の放棄をした相続人を除き、すべての相続人を当事者にする必要があります。

　そのため、遺産分割を有効に行うためには、相続人の範囲を確定することが極めて重要であり、相続が開始した場合に、最初に行うべきことになります。

　相続人の範囲は、死亡した旨の記載のある被相続人の戸籍（除籍）を取得し、そこから被相続人の出生までさかのぼって戸籍謄本を取得して確定させることになります。被相続人が転籍を繰り返している場合には、戸籍の従前戸籍の記載から転籍前の本籍地をたどっていき、出生までさかのぼって取得します。本籍地のある（若しくはあった）役所に直接出向いて取得することもできますが、遠隔地の場合には、郵送でも取得できます。

　このような戸籍調査により、被相続人の相続人の範囲を確定させることになります。

2 相続人の範囲

(1) 配偶者相続人

　被相続人の配偶者は、常に相続人となります（民890）。配偶者以外に血族相続人がいる場合は、血族相続人とともに、共同相続人となります。

　ここでいう「配偶者」とは、法律上の婚姻関係にある者をいい、いわゆる内縁配偶者については、判例上[1]、相続権がないものと解されていま

1　最高裁平成12年3月10日決定

す。そして現行法上、内縁配偶者は、相続人がいない場合に「特別縁故者」として財産分与請求（民958の3）をできる場合があるのみで、それ以外には被相続人の相続財産を取得することができません。

（2）血族相続人

血族相続人は、以下の順位で相続人となります。先順位の血族相続人がいないときにはじめて、後順位の血族相続人が相続権を有することになります。

❶ 第1順位：子（民887①）

嫡出子や養子のほか、父から認知（民779）された非嫡出子も、出生の時にさかのぼって父親との間に法律上の親子関係が発生しますので（民784）、「子」として第1順位の血族相続人となります。また、相続開始時に胎児の場合、相続についてはすでに生まれたものとみなし、「子」として第1順位の血族相続人となります（民886①）。

❷ 第2順位：直系尊属（民889①一）

第1順位の相続人がいない場合、父母や祖父母などの「直系尊属」が第2順位の相続人となります。

直系尊属間では、親等が近いほうが優先することになります。また、養父母と実父母がいる場合、いずれも第2順位の相続人となります。

❸ 第3順位：兄弟姉妹（民889①二）

第1順位及び第2順位の相続人がいない場合、「兄弟姉妹」が第3順位の相続人となります。父母の双方を同じくする兄弟姉妹のほか、父母の一方のみを同じくする兄弟姉妹も、第3順位の相続人となります。

❸ 相続割合

各相続人の相続割合（法定相続分）は以下のとおりです（民900一～三）。

同順位の血族相続人が複数いる場合は、原則として等分となりますが、

被相続人の兄弟姉妹が相続人となる場合で、被相続人と父母の一方のみを同じくする兄弟姉妹の相続分は、父母の双方を同じくする兄弟姉妹の相続分の2分の1となります（民900四）。

相続人	配偶者	子	直系尊属	兄弟姉妹
配偶者のみ	すべて			
配偶者と子	2分の1	2分の1		
配偶者と直系尊属	3分の2		3分の1	
配偶者と兄弟姉妹	4分の3			4分の1
血族相続人のみ		順位に応じすべて		

④ 本問の検討

（1）のケースでは、配偶者相続人と第1順位の血族相続人が共同相続人となります。そのため、母Aの相続割合は2分の1となります。

また、子は長男Bと次男Cの2名であり、血族相続人の相続割合2分の1を等分することになるため、長男Bと次男Cの相続割合は各4分の1となります。

（2）のケースでは、配偶者相続人と第2順位の血族相続人が共同相続人となります。そのため、妻Zの相続割合は3分の2となります。

また、父母が双方健在であり、血族相続人の相続割合3分の1を等分することになるため、父Xと母Yの相続割合は各6分の1となります。

（3）のケースでは、配偶者相続人と第3順位の血族相続人が共同相続人となります。そのため、妻Eの相続割合は4分の3となります。

また、兄弟姉妹は次男F、長女G、次女Hの3名であり、いずれも父母の双方を同じくするため、血族相続人の相続割合4分の1を等分することになります。そのため、次男F、長女G、次女Hの相続割合は各12

分の1となります。

POINT

1．配偶者は常に相続人となります。
2．血族相続人は、子、直系尊属、兄弟姉妹の順で相続人となります。
3．配偶者相続人と血族相続人が共同相続人となる場合、その法定相続割合は民法上規定されています。

Q2　代襲相続のケース

（1）父が死亡しました。母Aは存命で、子どもは次男C（私）のほかに、長男Bがいましたが、父の死亡前に、長男が死亡しており、長男には子どもDがいます。その場合の相続関係はどうなりますか。【子の代襲相続】

（2）父母は亡くなっています。私の兄（長男）が、子どもがいないまま死亡しました。兄弟は、次男X（私）と長女Yですが、長女はすでに死亡しており、長女には子ども（甥）Zがいます。その場合はどのような相続関係になりますか。【兄弟の代襲相続】

A　各ケースにおける相続人の範囲とその相続割合（法定相続分）は以下のとおりです。

（1）配偶者と第1順位の子及び子の代襲者が相続人となるケースです（民887①②、890）。

　　母A：2分の1、次男B：4分の1、B代襲者D：4分の1

（2）第3順位の兄弟姉妹及び兄弟姉妹の代襲者が相続人となるケースです（民889①二、②、887②）。

　　次男X：2分の1、Y代襲者Z：2分の1

1　代襲原因

　子又は兄弟姉妹が相続人となるケースで、当該相続人が①相続の開始以前に死亡したとき、②相続欠格事由（民891）に該当したとき、③廃除（民892、893）されたとき、のいずれかに該当して相続権を失った場合、当

該相続人の子が代襲して相続人となります。これを代襲相続といい、上記①〜③を代襲原因といいます。

　なお、相続放棄の場合、「初めから相続人とならなかったものとみな」されるため（民939）、代襲原因とはなりません。

❷ 子の代襲者

　相続人である「子」に、上記①〜③の代襲原因が生じた場合、当該相続人の子が代襲相続人となります。ここでいう「子」には、実子のみならず養子も含みます。

　もっとも、「被相続人の直系卑属でない者」は、「子」であっても代襲相続人とはなりません（民887②但書）。例えば、「子」が養子の場合、養子縁組前に出生した養子の子は、被相続人の直系卑属ではないので、代襲相続人とはならないことになります。

　そして、代襲相続人についても、上記①〜③の代襲原因が生じ、代襲相続権を失った場合、当該代襲相続人の子がさらに代襲して相続人となります（民887③）。これを再代襲相続といいます。その後、再代襲相続人に上記①〜③の代襲原因が生じた場合にも、同様に、さらに次の直系卑属が代襲して相続することになります。

❸ 兄弟姉妹の代襲者

　相続人である「兄弟姉妹」に、上記①〜③の代襲原因が生じた場合、当該相続人の子が代襲相続人となります。

　もっとも、兄弟姉妹の場合は再代襲の規定が準用されていないため（民889②、①二）、兄弟姉妹の子の代襲相続については、一代限りとなります。

4 本問の検討

（1）のケースでは、被相続人である父の死亡前に長男Bが死亡しているため、代襲原因①により、長男Bの子Dが、代襲相続人として、長男Bが相続するはずであった相続権を承継することになります。その結果、配偶者相続人である母Aの相続割合は2分の1となり、また、血族相続人である子は長男Bと次男Cの2名で、血族相続人の相続割合2分の1を等分することになるところ、Bに代襲原因①が発生しているため、長男Bの代襲相続人Dが、次男Cとともに、各4分の1の相続割合を有することになります。

（2）のケースでは、配偶者相続人がいないため、血族相続人である次男Xと長女Yの2名が等分して相続割合を有することになるところ、Yに代襲原因①が発生しているため、Yの子Zが代襲相続人として、次男Xとともに、各2分の1の相続割合を有することになります。

POINT

1. 血族相続人が子である場合の代襲相続は、相続発生前に代襲原因が生じている限り、再代襲相続、再々代襲相続まで発生します。
2. 血族相続人が兄弟姉妹である場合の代襲相続は、一代限りであり、再代襲相続は発生しません。

Q3　戸籍の記載が真実を反映していないケース

（1）父が死亡しました。兄は、父の子として戸籍に記載されていますが、実は伯父の子を父の子として届け出たものと聞いています。相続人になりますか。【戸籍が真実に反する場合】

（2）父が、「長男は、婚外子として認知しているが、実は自分の子ではないことがわかっていたが、事情があって認知した。実の子ではないから、長男には相続財産を残さない遺言をしたい」と希望しています。父が認知無効の訴えを起こすことはできますか。これによって、長男は、相続人ではなくなりますか。遺留分の問題も回避できますか。【真実に反する認知】

A　（1）父の子として届け出た出生届自体が無効であり、兄は父の子ではないため、父の相続人ではありません。

（2）父は、「利害関係人」（民786）として認知無効の訴えを提起することができ、認知無効の判決が確定することにより、認知は遡及的に無効となります。その結果、当初より父の相続人の地位を有しないことになるため、遺留分の問題も生じません。もっとも、父による無効主張について、権利濫用法理により制限を受ける場合があります。

① 真実に反する出生届とその効果

　子がいない夫婦の間に生まれたものとして、実際には他人の子を実子として出生届が出されるということが、まれに行われることがあります。その場合、実子として届け出られた子は、当然のことながら、戸籍上の両親

との間に自然血族関係がありません。そして、戸籍事務は、形式的要件を満たしていれば受理する運用のため、戸籍の記載が必ずしも真実を反映しているわけではなく、戸籍の記載により自然血族関係が生じるわけでもありません。

　そのため、他人の子を実子として届け出た場合は、出生届自体が無効となります。

　また、他人の子を実子として出生届をする行為に法律上の親子関係を形成する意思がうかがえるため、無効な出生届の養子縁組届出への転換を認めるべき、という見解もありますが、判例[1]は、「養子縁組は本件嫡出子出生届当時施行の民法第八四七条第七七五条（現行民法第七九九条第七三九条）及び戸籍法にしたがい、その所定の届出により法律上効力を有するいわゆる要式行為であり、かつ右は強行法規と解すべきであるから、その所定条件を具備しない本件嫡出子の出生届をもって所論養子縁組の届出のあったものとなすこと（殊に本件に養子縁組がなされるがためには、上告人は一旦その実父母の双方又は一方において認知した上でなければならないものである）はできない」として、無効な出生届の養子縁組届出への転換を認めていません。

　以上により、他人の子を実子として届け出た場合、出生届自体が無効であり、また、養子縁組への転換も認められないため、当該戸籍上の実子は、戸籍上の両親の「子」（民887①）には当たらず、両親の相続人とはなりません。

　なお、遺産分割の際に、出生届の有効性、すなわち戸籍上の両親の「子」に当たるか否かが争われるような場合には、遺産分割の前提問題として、相続権の有無の確認を求める訴訟を先行して行う必要があり、かかる判決により、既判力をもって相続人の範囲を確定させることになります。

1　最高裁昭和25年12月28日判決

② 真実に反する認知とその効果

　自然血縁関係がない者を認知した場合、その認知は無効です。もっとも、戸籍上は婚外子として父の「子」として記載されるため、認知の効力を否定する場合には、認知無効の調停又は訴えを提起する必要があります。そして、認知無効を主張できる者として「子その他の利害関係人」（民786）と規定されていますが、実際に認知をした父親自身は「利害関係人」に含まれるのかが問題となります。

　この点に関し、判例[2]は、認知者が認知をするに至る事情は様々で、自らの意思で認知したことを重視して認知者自身による無効の主張を一切許さないと解することは相当でないこと、認知を受けた子の保護の観点からみても、あえて認知者自身による無効の主張を一律に制限すべき理由に乏しいこと、認知者が当該認知の効力について強い利害関係を有することは明らかであることなどの理由から、「認知者は、民法786条に規定する利害関係人に当たり、自らした認知の無効を主張することができる。この理は、認知者が血縁上の父子関係がないことを知りながら認知をした場合においても異なるところはない」と判示しています。

　なお、認知が無効であるとしても、その認知が養子縁組を企図したものであった場合に、その認知届を養子縁組届として養子縁組が成立するかが問題となるも、判例[3]は、この場合に養子縁組の成立を否定しています。かかる事案は、認知者が被認知者の法定代理人と婚姻したというケースですが、「養子縁組は、養親となる者と養子となる者又はその法定代理人との間の合意によって成立するものであって、認知が認知者の単独行為としてされるのとはその要件、方式を異にし、また、認知者と被認知者の法定

2　最高裁平成26年1月14日判決
3　最高裁昭和54年11月2日判決

代理人との間の婚姻が認知者と被認知者の養子縁組に関する何らかの意思表示を含むものということはできない」と判示しています。

　認知無効の判決が確定したときは、認知は遡及的に効力を失います。その結果、被相続人の「子」の地位を喪失するため、父の相続権を有しないことになります。

③　留意点

　原則として、上記❶及び❷のとおりと解されますが、権利濫用の可能性については注意が必要です。

　すなわち、真実の親子関係が争われた事案（他人の子を実子として虚偽の出生の届出がなされた後、約51年にわたり実の親子と同様の生活実体があった事案）において、判例[4]は、生活実体の期間の長さ、親子関係が不存在とされることでの精神的苦痛、経済的不利益、親子関係不存在を主張するに至った経緯、動機、目的などの諸般の事情を考慮し、実親子関係の不存在を確定することが著しく不当な結果をもたらすものといえるときには、当該確認請求は権利の濫用に当たり許されないものというべき、と判示しています。

　また、認知無効に係る上記の判例[5]では、「具体的な事案に応じてその必要がある場合には権利濫用の法理などによりこの主張を制限することも可能である」と判示しており、認知無効の主張自体が権利濫用に当たる場合があることを示唆しています。その際の判断方法は明示されていませんが、親子関係不存在確認の場合と同様であろうと考えられます。

4　最高裁平成18年7月7日判決
5　最高裁平成26年1月14日判決

④ 本問の検討

（1）のケースにおいて、兄は伯父の子であり、父の子として届け出られた出生届自体が無効です。そのため、戸籍には父の子として記載されているとしても、兄は父の相続権を有しません。そして、兄の相続権の有無について紛争となる場合は、遺産分割の前提として、相続権不存在確認訴訟を提起し、相続人の範囲に兄を含むのかについて、判決をもって確定させることが必要になります。

（2）のケースにおいて、父は、実の子ではない長男を認知しているため、当該認知は無効となります。そこで、遺産分割の前提として認知無効の訴えを提起し、認知が無効であるとの判決が確定することにより、認知は遡及的に無効となります。その結果、長男は、当初より父の相続人の地位を有しないことになるため、相続権はなく、遺留分の問題も生じません。

もっとも、父と長男が、長期にわたり同居しており、認知無効により長男が精神的・経済的に著しい不利益を受けるような事情が認められる場合には、認知無効の主張自体が権利濫用であるとして、制限を受ける場合があります。

POINT

1. 戸籍の記載が真実とは限らず、他人の子を実子として出生届をした場合は、その出生届が無効となります。
2. 他人の子を認知した場合、かかる認知は無効であり、養子縁組としての効果も認められません。
3. 認知無効は、認知をした父親が主張することもできますが、実際の親子関係と同様の関係が長期にわたって形成されていたような場合など、主張すること自体が制限される場合があります。

Q4 養子がいるケース

（1）父が死亡しました。子どもは長男A（私）のほかに、父が縁組した養子Bがいます。養子Bは父の相続人になりますか。【養子の相続権】

（2）母が死亡しました。母の子は、長男X、次男Y（私）です。父がXの子Z（成年者）と養子縁組をしていましたが、母はしていませんでした。この場合、母の相続で、Zは相続人になりますか。【配偶者の養子の相続権】

A　（1）養子は、縁組により養親の嫡出子の身分を取得するため（民809、727）、Bは「被相続人の子」として、父の相続人になります（民887①）。

（2）配偶者の養子であっても、被相続人との間で養子縁組をしていない限り、被相続人との関係では「被相続人の子」には当たらず、Zは相続人になりません。

1 第1順位の相続人である「被相続人の子」

被相続人の「子」は、第1順位の血族相続人です（民887①）。そして、養子は、縁組により養親及びその血族との間で法定血族関係が生じ（民727）、縁組の日から養親の嫡出子の身分を取得します（民809）。

そのため、相続において、養子は実子と同様、「被相続人の子」として第1順位の血族相続人となります。

② 配偶者の養子の相続権

　一方の配偶者が縁組をするには、原則として、他方の配偶者の同意を得る必要があります（民796本文）。ただし、夫婦が一緒に養子と縁組をする場合や、他方の配偶者が、例えば病気などにより同意の意思を表示することができないような場合には、他方の配偶者の同意なく、縁組をすることができます（民796但書）。

　もっとも、他方の配偶者の同意を得て単独で縁組をした場合でも、他方の配偶者が縁組の当事者となっていない以上、養子は、他方の配偶者の嫡出子の身分を取得するわけではありません。

　そのため、配偶者の養子については、「被相続人の子」に当たらず、第1順位の血族相続人とはなりません。

③ 本問の検討

　（1）のケースでは、養子Bは被相続人との間で縁組をしています。これにより、被相続人との間で法定血族関係が生じ、嫡出子たる身分を取得するため、「被相続人の子」に当たり、第1順位の相続人となります。

　（2）のケースでは、養子Zは、被相続人の夫との間で養子縁組をしています。その際に、被相続人が同意をしている可能性はありますが、被相続人自身はZとの間で縁組をしていません。そのため、Zは被相続人の嫡出子たる身分を取得せず、「子」に当たらないため、被相続人の相続権を有しません。

POINT

1．養子は、縁組により養親との間で嫡出子の身分を取得するため、実子と同様、「子」として相続権を有します。
2．配偶者の養子は、配偶者の「子」であるものの、自身との関係では「子」ではないため、相続権を有しません。

Q5 養子に子がいるケース

(1) 父Aが死亡しました。子どもは長男（私）のほかに、父が縁組した養子Bがいましたが、養子Bは父Aの死亡前に亡くなっています。養子Bは、養子縁組前に子どもCをもうけていました。この場合、父Aの相続において、養子Bの子Cに代襲相続権はありますか。【縁組前の養子の子の代襲相続権】

(2) 養子Yが縁組後に子Zをもうけて、養子Yが父Xの死亡前に亡くなりました。この場合の養子Yの子Zには代襲相続権はありますか。【養子の縁組後に出生した子の代襲相続権】

A （1）養子Bの縁組前に出生した子Cは、養親である父Aの直系卑属ではないため、Cは代襲相続権を有しません（民887②但書）。

（2）養子Yの縁組後に出生した子Zは、養親である父Xの直系卑属であるため、Zは代襲相続権を有します。

1 子の代襲者の相続権

被相続人の子について、相続開始以前に死亡している場合など代襲原因が生じた場合には、その者の子がこれを代襲して相続人となります（民887②本文）。例えば、子がすでに死亡している場合に、孫が祖父の代襲相続人となる、というケースが典型例です。

もっとも、養親の直系卑属でない者は、代襲相続権を有しません（民887②但書）。

かかる規定の趣旨について、裁判例[1]は、「血統継続の思想を尊重する

とともに、親族共同体的な観点から相続人の範囲を親族内の者に限定することが相当であると考えられたこと、とくに単身養子の場合において、縁組前の養子の子が他で生活していて養親とは何ら係わりがないにもかかわらず、これに代襲相続権を与えることは不合理であるからこれを排除する必要があったことによるものと思われる」と判示しています。

　代襲相続制度は、相続人の有していた相続分と同じ割合の相続分を代襲相続人に取得させることで、相続における衡平を図ろうとする制度です。そのため、代襲相続人となるのは、衡平が図られるべき身分を有する者に限定されるべきであり、したがって、被相続人の直系卑属に限られる、と規定されたものと考えられます。

　そして、代襲相続人についても代襲原因が生じていれば、さらにその者の子がこれを代襲して相続人となります（民887③）。これを再代襲といい、再代襲以降も代襲原因が発生すれば、同様に代襲者が相続権を有することになります。

❷ 養子の子の相続権

　上記のとおり、代襲相続人は、被相続人の直系卑属に限られます。そして、直系卑属とは、被相続人より後の世代の直系の親族をいいます。しかし、縁組前に養子の子としてすでに出生していた者、いわゆる養子の連れ子については、養子が縁組をしたとしても、養親と連れ子との間に血族関係が生じないものと解されており[2]、養親の直系卑属には当たりません。そのため、縁組前の養子の子は、代襲相続権を有しないことになります。

　これに対し、縁組後に養子の子として出生した者は、養子が、養親の嫡

1　大阪高裁平成 1 年 8 月10日判決
2　大審院昭和 7 年 5 月11日判決

出子の身分を取得し（民809）、養親との間で法定血族関係が生じた（民
727）後に養子の嫡出子となった者ですので、養親との間でも血族関係が
生じます。そのため、縁組後の養子の子は、養親の直系卑属に当たり、代
襲相続権を有します。

　なお、縁組時に養子の胎児であり、縁組後に出生した養子の子は、養親
との間で血族関係が生じ、養親の直系卑属に当たるため、代襲相続権を有
することになります。相続において、胎児はすでに生まれたものとみなさ
れる旨の規定がありますが（民886①）、代襲相続権の有無は、被相続人の
直系卑属であるか、すなわち、被相続人たる養親との血族関係の有無によ
り決せられ、養子縁組時の胎児を同時点で生まれたものとみなす（養子縁
組前に出生した子とみなす）ものではないと解されているためです。

❸ 本問の検討

　（1）のケースにおいて、Ｃは、いわゆる養子Ｂの連れ子であり、縁組
前の養子の子であるため、縁組によっても養親Ａとは血族関係が生じず、
Ａの直系卑属には当たりません。そのため、Ｂは、Ａの相続における代襲
相続権を有しません。

　（2）のケースにおいて、Ｚは、養子Ｙが、養親Ｘと縁組をし、Ｘの嫡
出子たる身分を取得し、Ｘとの血族関係が生じた後に出生した子であるた
め、Ｘの直系卑属に当たります。そのため、Ｚは、Ｘの相続における代襲
相続権を有します。

POINT

1．縁組前の養子の子（養子の連れ子）については、被相続人の直系卑属に当たらず、代襲相続人となりません。
2．縁組後の養子の子については、被相続人の直系卑属に当たるため、代襲相続人となります。

Q6 相続人が二重の資格を有しているケース

父が死亡しました。父の子は次男B（私）のほかに長男Aがいましたが、父の死亡前に長男Aが死亡したため、長男の子C（父にとっては孫）が父の養子になっています。この養子は、子として相続するのか、長男の子として代襲相続するのか、どちらでしょうか。

A　Cは、父の養子としての地位とAの代襲相続人の地位の二重の資格で、父の相続権について3分の2の持分を有します。

1 二重資格（養子と代襲相続人）

親が早くに亡くなったなどの理由で、祖父母が孫を養子にする場合があります。その後に、例えば祖父が亡くなった場合、その孫は、法律上、祖父の相続人として、親の代襲相続人としての地位と、養子としての地位の二重の資格を有することになります。

このような場合に、一方の資格のみを認めるのか、あるいは二重の資格を認めるのかについて、最高裁の判例があるわけではありません。

もっとも、登記先例[1]では、相続人が養子と代襲相続人の二重の資格を有するケースにおいて、両方の法定相続分を有することを認めています。そのため、養子と代襲相続人の二重の資格については、実務上も、各資格における法定相続分を合算して計算する運用が確立しています。

1　昭和26年9月18日民事甲第1881号民事局長回答

② 二重資格（配偶者と兄弟姉妹）

　これに対し、夫の相続で、婚姻の際に夫が妻方の婿養子となっており、子どももおらず両親がすでに他界してしまっている場合、その妻は、配偶者としての地位と、兄弟姉妹としての地位（実子たる妻と養子たる夫との兄妹関係）の二重の資格を有することになります。

　このような場合に、二重の資格が認められるかについて判例はなく、登記先例[2]では、配偶者としての相続権のみを有し、兄弟姉妹としての相続権は有しない、との判断が示されています。

　養子と代襲相続人の二重資格の場合は、いずれも同順位の血族相続人としての二重資格である一方、妻と兄弟姉妹の二重資格は、配偶者相続人と血族相続人の二重資格であり、この点が、登記先例の結論に違いが生じた理由と考えられます。そして、配偶者相続人の法定相続分は、第2順位の血族相続人との共同相続の場合は3分の2（民900二）、第3順位の血族相続人との共同相続の場合は4分の3（民900三）とされており、そもそも配偶者相続人の法定相続分が優遇考慮されています。そのような点も、二重資格を認めない理由の一つと考えられます。

③ 本問の検討

　本問において、父の「子」は、実子ABと養子Cの合計3名です。そのため、法定相続分は各3分の1となります。そのうち、Aが父より先に死亡しているため、代襲相続が発生し、Aの実子であるCが代襲相続人となります。

　その結果、Cは、父の相続において、養子と代襲相続人の二重の資格を

2　昭和23年8月9日民事甲第2371号民事局長回答

有することになり、養子としての３分の１、Ａの代襲相続人として３分
の１の合計３分の２の法定相続分を有することになります。

POINT

1．養子と代襲相続人の二重資格の場合、各資格における法定相続
　分を合算した割合の相続権を有します。
2．配偶者と兄弟姉妹の二重資格の場合、配偶者としての相続権の
　みを有し、兄弟姉妹としての相続権は有しません。

Q7 相続権がはく奪される場合

相続人としての資格がはく奪されることはありますか。それはどのような場合でしょうか。

A 推定相続人が相続欠格事由（民891）に該当する場合、又は推定相続人について廃除（民892、893）の審判が確定した場合、当該相続人は相続権を失います。

1 相続欠格

　相続欠格制度とは、相続人となる一般的資格（例えば、配偶者、子など）が認められている者でも、相続に関し秩序を乱すような一定の行為のあった場合に、その者の相続権をはく奪する制度です（民891）。この一定の行為を「欠格事由」といい、民法は、犯罪行為や遺言に違法不当に介入するような場合など、相続制度の根幹を破壊するような行為を欠格事由として規定し、そのような行為を行った者には、民事上の制裁として相続権をはく奪することとしています。

　相続欠格事由としては、民法891条各号に、以下の5つが規定されています。

　①　故意に被相続人又は相続について先順位若しくは同順位にある者を死亡するに至らせ、又は至らせようとしたために、刑に処せられた者

　②　被相続人の殺害されたことを知って、これを告発せず、又は告訴しなかった者（ただし、その者に是非の弁別がないとき、又は殺害者が自己の配偶者若しくは直系血族であったときを除く）

③詐欺又は強迫によって、被相続人が相続に関する遺言をし、撤回し、取り消し、又は変更することを妨げた者

④詐欺又は強迫によって、被相続人に相続に関する遺言をさせ、撤回させ、取り消させ、又は変更させた者

⑤相続に関する被相続人の遺言書を偽造し、変造し、破棄し、又は隠匿した者

　欠格事由に該当する場合、法律上当然に被相続人との関係で相続権を喪失します。もっとも、欠格事由の有無について争いがある場合には、遺産分割の前提問題として、訴訟等により相続人の範囲を確定する必要があります。

❷ 廃除

　相続人廃除制度とは、被相続人の意思により、家庭裁判所が推定相続人の相続権をはく奪する制度です（民892、893）。

　民法は、被相続人との人的な信頼関係を破壊した一定の推定相続人に対しては、被相続人の意思に基づき、家庭裁判所の審判により、相続権のはく奪という制裁を与えることを認めています。相続権のはく奪を被相続人の意思にかからしめている点が、法律上当然に相続権がはく奪される相続欠格とは異なります。

　廃除事由としては、「遺留分を有する推定相続人…（中略）…が、被相続人に対して虐待をし、若しくはこれに重大な侮辱を加えたとき、又は推定相続人にその他の著しい非行があったとき」（民892）と規定されています。

　このうち、「著しい非行」とは、被相続人に対する虐待や重大な侮辱には直接該当しないものの、それらに類するような行為も廃除事由とするために規定された包括条項（バスケット条項）です。そのため、被相続人に対

する犯罪行為や、被相続人の財産を著しく浪費するなど、推定相続人の遺留分を否定することが正当化できるほどに、被相続人との人的な信頼関係が破壊されるような非行であることが必要と解されます。

　廃除を請求する場合、被相続人が生前に家庭裁判所に申し立てるか（生前廃除）、遺言で推定相続人を廃除する意思を表示し、遺言の効力発生後に遺言執行者が家庭裁判所に申し立てるか（遺言廃除）のいずれかの方法により行います。

　なお、廃除の対象は遺留分を有する推定相続人（すなわち、配偶者、子、親）に限定されています。これは、遺留分を有しない推定相続人（兄弟姉妹）については、その者に財産を相続させない内容の遺言を作成すれば足りるため、わざわざ廃除制度を利用する必要がないからです。

③ 代襲原因

　相続欠格も廃除も、代襲原因となります（民887②本文）。そのため、相続権をはく奪された者に直系卑属がいる場合、当該直系卑属が代襲相続人となります。

　これに対し、自らの意思で相続権を放棄する相続放棄については、代襲原因とはなりません。

POINT
1．推定相続人が相続欠格事由に該当する場合、推定相続人について廃除の審判が確定した場合には、相続権を失います。 2．相続欠格は、一定の事由が生じれば当然に相続権を失うのに対し、廃除は、被相続人の意思に基づき相続権がはく奪されることになります。

Q8　被相続人に債務がある場合

父に相続が発生しました。相続人は、母Ａ、長男Ｂ、次男Ｃで、遺言はありません。父には1,000万円の借金がありました。これは誰がどのような割合で負担するのですか。

A 相続放棄をしない限り、各相続人の法定相続分に応じ、Ａが500万円、ＢとＣが各250万円の借金を承継することになります。

1 相続における債務の取扱い

相続債務とは、相続開始時までに発生した被相続人の債務のことをいいます。

相続の一般的効力として、相続人は、被相続人の財産に属した一切の「権利」「義務」を承継するものと規定されています（民896本文）。そのため、被相続人の積極財産のほか、相続債務などの消極財産についても、相続人が承継することになります。

相続人が複数いる場合は、各相続人が、その相続分に応じ、相続債務を承継します（民899）。この点に関し、判例[1]は、「債務者が死亡し、相続人が数人ある場合に、被相続人の金銭債務その他の可分債務は、法律上当然分割され、各共同相続人がその相続分に応じてこれを承継するものと解すべきである」と判示しており、金銭債務である相続債務については、遺産分割によらず法律上当然に分割され、各相続人の相続分に応じ、承継され

1　最高裁昭和34年6月19日判決

ることになります。

　そして、ここでいう「相続分」には、法定相続分のほか、指定相続分（遺言等で指定された相続分、民902参照）も含むと解されます。そのため、遺言等により相続分が指定されている場合は指定相続分に応じた割合により、それ以外の場合には法定相続分に応じた割合により、各相続人が相続債務を承継することになります。

　なお、相続の開始があったことを知った時から3か月以内に家庭裁判所に相続放棄の申述をし（民915①、938）、受理された場合、初めから相続人とならなかったものとみなされます（民939）。相続放棄をした場合には、相続債務を承継しません。

❷ 相続開始後に生じた遺産管理費用、葬儀費用

　相続債務とは、前述のとおり、相続開始時までに発生した被相続人の債務ですので、相続開始後に生じた費用は相続債務に当たらず、相続人に承継されません。

　例えば、相続財産である不動産に関し、相続開始後に負担が生じた固定資産税については、相続債務には当たらず、相続人には承継されません。このような、相続開始後、遺産分割までの間に相続財産から生じる費用を「遺産管理費用」といいます。遺産管理費用は、遺産共有の状態にある共有財産について生じた管理費用であるという考え方ができるため、各相続人がその相続分に応じて負担する必要があります。

　そして、特定の相続人のみが遺産管理費用を負担した場合、負担相続人は他の相続人に対し、各相続人の相続分に応じた負担を求めることになります。

　また、葬儀費用についても、原則として相続開始後に喪主が葬儀社と契約したことにより発生した費用ですので、相続債務には当たらず、相続人

には承継されません。相続税の計算上は、葬儀費用も相続財産から控除し計算することができるため、この点を混同しがちですが、法務と税務で葬儀費用についての取扱いが異なります。

③ 本問の検討

　父が生前に残した1,000万円の借金は、相続債務に当たります。そして、父の遺言はなく、父の相続人とその法定相続分は、母Ａが2分の1、長男Ｂ及び次男Ｃが各4分の1となります。そのため、1,000万円の借金については、ABCが相続放棄をしない限り、法定相続分に応じ各人に分割され、承継されることになります。

　その結果、Ａは500万円（1,000万円×1/2）、BCは各250万円（1,000万円×1/4）の債務を承継し、負担することになります。

POINT

1．相続放棄をしない限り、相続債務については、遺産分割によらず法律上当然に分割され、各相続人の相続分に応じ、承継されます。
2．遺言等により相続分が指定されている場合は指定相続分に応じた割合により、それ以外の場合には法定相続分に応じた割合で、相続債務が各相続人に承継されます。

Q9 相続放棄を検討しているケース

（1）同居の父が死亡しました。相続人は、長男の私のみですが、父の借金を相続したくありません。どうすればよいでしょうか。【相続放棄】

（2）父に借金があるので相続を放棄したいのですが、実家はなくなると困るので実家は取得したいです。どうすればよいでしょうか。【相続放棄で一部の資産を相続することの可否】

A （1）父が死亡したことを知った時から3か月以内に、家庭裁判所に相続放棄の申述をし、受理されれば、父の借金を承継しません（民915①、938、939）。

（2）相続財産のうち、実家だけを相続し、借金などその他の財産については相続放棄する、ということはできません。

1 相続放棄の手続き

相続人は、債務も含めて、被相続人の財産に属した一切の権利義務を承継するのが原則です（民896本文）。しかし、被相続人に借金が多い場合など、これを承継しなければいけないとすると、相続人にとって酷となる場合があります。

そこで、相続を希望しない相続人は、相続放棄の手続きをとることにより、初めから相続人とならなかったものとみなされ（民939）、相続関係から離脱することができます。

相続放棄をしようとする相続人は、被相続人の最後の住所地の家庭裁判所に、相続放棄の申述書及び添付書類を提出して、相続放棄の申述を行い

ます（民938、家手法201①）。この申述には期間制限があり、「自己のために相続の開始があったことを知った時」から3か月以内に行う必要があります（民915①本文）。この期間を「熟慮期間」といいます。財産調査が未了で相続放棄をするか否かについての検討に時間を要するような場合には、家庭裁判所の許可を得て、熟慮期間の伸長をすることもできます（民915①但書）。

「自己のために相続の開始があったことを知った時」とは、判例上[1]、単に相続発生を知っただけではなく、これにより自己が相続人となったことを覚知した時、とされています。

そして、自己が相続人であると認識していたものの、相続財産がまったく存在しないと思っていたような場合において、判例[2]は、相続すべき財産（借金も含む）がないと信じることにつき相当な理由がある場合は、相続財産の全部若しくは一部を認識した時、又は通常これを認識し得べき時から熟慮期間が起算されると判示しています。

なお、熟慮期間内に相続放棄の申述がなかった場合、熟慮期間の経過により、相続について単純承認したものとみなされます（民921二）。これを「法定単純承認」といいます。

もっとも、裁判所としても、被相続人の負った借金を相続人に無条件に負わせるのは酷であるという発想があるため、相続開始から3か月経過後の相続放棄についても、期間後となったことについて相応の理由が説明されれば、比較的広く相続放棄を認める運用であると考えられます。

実際、「相続放棄の申述がされた場合、相続放棄の要件の有無につき入念な審理をすることは予定されておらず、受理がされても相続放棄が実体要件を備えていることが確定されるものではないのに対し、却下されると

1　大審院大正15年8月3日決定
2　最高裁昭和59年4月27日判決

相続放棄が民法938条の要件を欠き、相続放棄したことを主張できなくなることにかんがみれば、家庭裁判所は、却下すべきことが明らかな場合以外は、相続放棄の申述を受理すべきであると解される」と判示する裁判例[3]が存在するなど、裁判所としても、基本的に相続放棄の申述を広く受理する運用であると考えられます。

② 相続放棄と限定承認

相続放棄をした場合、「その相続に関しては、初めから相続人とならなかったものとみな」されます（民939）。そのため、特定の財産のみを相続放棄するということはできません。仮に、相続放棄の手続きをした後に、特定の財産について処分してしまった場合は、法定単純承認（民921三）となり、相続放棄の効力は覆ってしまいます。

なお、被相続人の財産のうち、積極財産と債務等のどちらが多いか不明の場合に、積極財産の範囲でのみ債務等についても承継するという選択をすることができます。これを「限定承認」（民922）といい、相続放棄と同様、家庭裁判所に申述することにより行います（なお、相続放棄は各相続人が単独でできるが、限定承認はすべての相続人で足並みをそろえて行う必要がある〔民923〕）。しかし、限定承認は債務等に対する責任の範囲を積極財産に限定するものであり、特定の財産のみについて、単純承認又は相続放棄を選択するというものではありません。

3　東京高裁平成22年8月10日決定

③ 本問の検討

（1）のケースでは、同居の父が死亡したため、相続の開始をすぐ知ったと思われ、また、父の借金への認識もあります。そのため、相続開始から3か月以内に、父と同居していた住所地の家庭裁判所に相続放棄の申述をすれば、父の借金を承継しなくて済むことになります。

（2）のケースでは、相続財産のうち、特定の財産は承継し、それ以外の財産は相続放棄するということができないため、実家だけを相続し、借金については相続しない、ということはできません。

POINT

1．相続放棄の熟慮期間は3か月であり、自己が相続人であると認識し、かつ、相続財産の全部若しくは一部を認識した時、又は通常これを認識し得べき時から起算されます。
2．相続開始から3か月が経過した場合でも、却下すべきことが明らかな場合以外は、裁判所は相続放棄の申述を広く受理する運用となっています。

Q10　法定単純承認となる場合

父に借金があり、相続放棄をしましたが、債権者から連絡があったため面倒になり、相続放棄後に、父の借金を返済してしまいました。相続放棄に影響はありますか。

A　父の預金から借金を支払ってしまった場合は法定単純承認となりますが、自分の財布から借金を払った場合は、相続財産の処分に当たらないため、法定単純承認とはなりません。

1　法定単純承認とその内容

相続人は、「自己のために相続の開始があったことを知った時」から3か月以内に、単純承認、限定承認、相続放棄のいずれかを行わなければなりません（民915①）。もっとも、一定の事由がある場合は、相続人が単純承認したものとみなされます。これを「法定単純承認」といいます。

法定単純承認となる事由（法定単純承認事由）について、民法921条の各号に、以下のとおり規定されています。

（1）相続財産の処分（1号）

相続財産に対する処分行為があった場合、原則として単純承認したものとみなされます。例えば、相続財産である預金を引き出し、私的に費消してしまったような場合です。このような行為自体から相続財産を承継する意思がうかがえるため、処分行為があった場合、単純承認したものとみなされます。

もっとも、保存行為に当たる場合、その行為自体から相続財産を承継す

る意思が必ずしもうかがえるわけではないため、法定単純承認とは扱われません。例えば、相続財産である建物の雨漏りを修繕し、その費用を相続財産の中から支払うような場合です。このような行為は、相続財産の現状を維持する目的であると解され、相続財産を承継する意思がうかがえるわけではないため、処分行為には当たらないと解されています。

　このように、保存行為と認められない処分行為は、法定単純承認と扱われます。しかし実際には、その線引きは曖昧です。例えば、相続放棄を検討している場合に、アパートの解約や携帯の解約、借金の返済を行うことが保存行為に当たるか、という点については、具体的に、誰が、何を、どのように行うのかによって、判断が異なる場合があります。

　なお、本号は、限定承認又は相続放棄前の処分行為を法定単純承認とする規定であり、相続放棄後に処分行為があった場合は、下記（3）の法定単純承認事由とされます[1]。

（2）熟慮期間の徒過（2号）

　相続放棄や限定承認は、熟慮期間内に行う必要があります。そのため、熟慮期間を経過した場合は、もはや相続放棄も限定承認もする意思がなかったとものとして、単純承認したものとみなされます。

　もっとも、「自己のために相続の開始があったことを知った時」とは、Q9で詳述したとおり、単に相続発生を知っただけではなく、これにより自己が相続人となったこと、さらに相続財産があることを認識又は認識し得た時から起算されます。そして、裁判所の運用としても、基本的に相続放棄の申述を広く受理する運用であると考えられるため、相続開始から3か月以上が経過した場合でも、なお熟慮期間内であるとして、相続放棄の申述が受理される余地はあります。これにより有効に相続放棄された場合、単純承認とはみなされません。ただし、申述が受理されても相続放

---

[1]　大審院昭和5年4月26日判決

棄として有効であると確定するわけではなく、有効に放棄されたのか、それとも単純承認とみなされるのかについて争われる可能性があります。

(3) 限定承認又は放棄後の事由（3号）

　限定承認又は相続放棄をした場合でも、相続人が遺産を隠匿し、消費し、あるいは遺産目録に故意に記載しなかったなどの背信行為があったときは、単純承認したものみなされます。

　もっとも、次順位の相続人が相続を承認した後に背信行為があった場合には、法定単純承認とは扱われません。これは、次順位者の相続についての意思を尊重するとともに、法律関係の安定を図る趣旨になります。

② 相続放棄前の対応

　上記のとおり、保存行為と処分行為の線引きは、実際のところ曖昧です。保存行為と思って行ったことが、処分行為であると認定されてしまうと、相続放棄ができなくなる、若しくはすでに行った相続放棄の効力が覆ってしまう可能性があります。

　そのため、相続放棄をする可能性が多少なりともあるのであれば、積極的に相続財産やその権利関係の清算に関与することは望ましくありません。また、権利者等からの要求にも応じるべきではなく、まずは相続放棄するか否かの判断を先行させ、相続放棄をすると判断した場合には、以後、相続財産等には一切関与しない、権利者等からの要求にも一切応じない、との対応をとるのが望ましいといえます。その際、「相続放棄予定である」旨を権利者等に伝えておくと、以後の執拗な要求を回避しやすいと考えられます。

③ 本問の検討

　父の相続について相続放棄をした後に、父の借金を返済したとのことですので、これが上記❶（3）の法定単純承認事由に当たる場合、相続放棄の効力が覆り、法定単純承認と扱われます。

　まず、借金の返済原資として、父の預金から引き出して返済を行った場合は、相続放棄後に父の相続財産を処分してしまったことになるため、法定単純承認となり、相続放棄の効力は覆ることになります。

　これに対し、借金の返済原資を自身の預金・現金から充てた場合は、相続財産を処分したことにはならないため、法定単純承認とはなりません。

POINT

1．相続開始後、相続財産の処分など一定の事由がある場合は、相続人が単純承認したものとみなされます（法定単純承認）。
2．相続放棄を検討している場合、相続財産やその権利関係の清算には、極力関与しないのが望ましく、仮に関与せざるを得ない場合でも、処分行為とならないように注意する必要があります。

Q11　二重資格者の相続放棄

（1）兄が弟と養子縁組したところ、兄が死亡しました。弟は兄の子と扱われますが、子として相続放棄したとき、今度は弟として相続権があるのでしょうか。【相続資格が異順位の場合】

（2）長女が弟を養子とし、長女が父より先に死亡しました。父の相続が開始したところ、弟が相続放棄した場合には、子としての立場と、長女の代襲相続人の立場と、どちらで放棄したことになるのでしょうか。【相続資格が同順位の場合】

A　（1）妹が姉と養子縁組をした後に姉の相続が発生した事例において、妹が子として相続放棄をした場合に、当然には姉の妹としての相続放棄をしたものとはいえないとする裁判例があります。これに対して、法務局の先例としては、第1順位及び次順位の相続人の地位のいずれも放棄したものと解するべきであると回答したものがあります。このため、相続放棄の申述を行う場合には、どの順位の資格においても（全面的、全人格的に）相続放棄をする旨を明確にしたうえで、家庭裁判所に対する申述を行うべきです。

（2）被相続人の子（養子）としての立場とすでに亡くなった子の代襲相続人としての立場という同順位の相続資格者による相続放棄は、原則として、両方の資格について放棄したものとして取り扱われます。

　異順位の二重資格者の相続放棄については、①順位を異にする2つの相続人たる地位を兼有する者が先順位たる資格において相続の放棄をした場合、その効力は全面的に生じ、さらに後順位の資格により相続をする余地

がないとする説（積極説）と、②相続順位はそれぞれ各別に観察すべく、同一人が先順位の相続人たる資格において相続の放棄をした場合でも当然には後順位の資格による相続放棄の効力を生じないとする説（消極説）に分かれます。

　法務局は、積極説に立つものと思われます[1]。

　これに対し、裁判例は、「中間順位の相続人がいる場合や、そうでなくとも順位を異にするに因り共同相続人の員数を異にする場合の存することを考えてみると、たとえ同一人が二つの資格を兼有する場合でも相続の放棄はやはり相続順位（資格）に応じ各別に観察するを相当とするとの見解が正しいといわねばならず、またこれを区別する実益がある。けだし同一の被相続人と同一の相続人間の相続についても放棄の対象たる相続の内容は順位を異にするにより別異のものとみられるからである」として、消極説に立ちました[2]。

　そのうえで、当該事例においては、「当該二重資格者が養子並に妹として全面的に…（中略）…相続を放棄する意思をもって家庭裁判所に相続放棄の申述受理申立てをなし、…（中略）…相続人がないものとして相続財産について管理人が選任されたこと」等の事情から、（養子としての）放棄申述書の提出をもって、単に養子としてだけでなく妹としても相続の放棄をしたものと認めざるを得ない」として、いずれの資格においても相続放棄をしたものと認定しました。

　このように、確定的な取扱いは決まっていませんが、上記裁判例の判断理由中の「相続の放棄は相続順位（資格）に応じ各別に観察するを相当とする」ことを踏まえると、異順位の二重資格者（本問（1）のケース）においては、それぞれの立場で相続放棄をする（ことを明確にする）必要があり

1　昭和32年1月10日民事甲第61号民事局長回答
2　京都地裁昭和34年6月16日判決

ます。

　一方、同順位の二重資格者（本問（2）のケース）においては、相続順位が同順位である以上、相続順位に応じた判断を要せず、特段の留保をつけない限りは、原則として、いずれの資格においても相続放棄をしたものと扱われるということになると考えられます。

　いずれにせよ、相続人としては、どの資格において放棄するのかを明確にしておくべきであろうと思われます。

POINT

　相続人の二重資格の場合の相続放棄においては、どの資格において放棄するのか、すべての資格で放棄するのかを明示するのが安全です。

Q12 特定遺贈の放棄・遺言の利益の放棄

（1）父の遺言で、東京の土地のほかに、地方の別荘を遺贈されました。しかし、地方の別荘はいりません。どうしたらよいですか。【特定遺贈の放棄】

（2）父の遺言で、東京の土地のほかに、地方の別荘について、「相続させる」遺言により取得することになりました。しかし、地方の別荘はいりません。どうしたらよいですか。【特定財産承継遺言の利益の放棄の可否】

A　（1）特定遺贈（財産を指定して行う遺贈）の受遺者は、いつでも遺贈の放棄ができます（民986①）。また、遺贈の対象が可分の場合は、その一部のみの放棄も可能であることから、あなたは、東京の土地のみを受け取り、地方の別荘の遺贈のみを放棄をすることができます。

（2）特定財産承継遺言（特定の財産を特定の相続人に相続させる旨の遺言）は遺産分割方法の指定であると解されることから、東京の土地も地方の別荘も、父の死亡の時にただちに相続によりあなたに承継されることになりますので、地方の別荘の相続のみ放棄することはできません。ただし、相続人全員が合意するのであれば、地方の別荘を遺産分割対象財産とし、例えば、地方の別荘のみ換価分割する、他の相続人に取得してもらう等、遺言の内容と異なる遺産分割を行う方法が考えられます。

1 遺贈の放棄

(1) 特定遺贈の放棄

　特定遺贈の受遺者は、遺言者の死亡後、いつでも遺贈の放棄をすることができ、遺贈の放棄は、遺言者の死亡の時にさかのぼってその効力を生じます（民986①②）。

　受遺者が遺贈を承認するか放棄するかは、他の相続人の遺産分割に影響を及ぼす事項のため（民995「遺贈が…放棄によってその効力を失ったときは、受遺者が受けるべきであったものは、相続人に帰属する」）、他の相続人や遺言執行者等の利害関係人は、受遺者に対して遺贈を承認するか放棄するかについての催告をすることができます（民987）。受遺者が何ら意思表示をしないときは、遺贈を承認したものとみなされます。

(2) 包括遺贈の放棄

　包括受遺者は、相続人と同一の権利義務を有することから（民990）、包括遺贈の放棄をする場合は、相続の放棄と同様、相続の開始があったことを知った時から3か月以内に家庭裁判所に遺贈の放棄の申述を行う必要があります（民938、915①）。また、全部又は一部の財産を処分したときは、遺贈を承認したものとみなされますから（法定単純承認）、遺贈の放棄はできません（民921）。

　なお、相続人が包括遺贈の受遺者である場合、受遺者が遺贈を放棄したからといって、ただちに相続人としての地位までをも放棄したことにはなりません。ただし、一種の二重資格者ですので（Q11参照）、包括受遺者の地位でのみ放棄したことを明示しておくのが安全であるものと思われます。

❷ 特定財産承継遺言の利益の放棄

　被相続人が相続財産（不動産及び現金、預貯金債権等）のうち、特定の財産を相続人の一人に「相続させる」旨の遺言（特定財産承継遺言）を残した場合において、当該相続人が「遺言の利益を放棄する」ことにより、その財産の承継を回避することができるか否かについては、争いがあります[1]。

　この点については、民法相続編（相続法）の平成30年改正の際に、配偶者居住権（民1028）の設定方法につき、遺言によって設定する場合には「遺贈」に限定され、「特定財産承継遺言」によって設定することは規定されませんでした（民1028①二）。この趣旨については、「…被相続人が遺言で配偶者に長期居住権を取得させる場合の問題点として、遺贈であれば配偶者はこれを放棄することができる（民法第986条第1項）が、遺産分割方法の指定がされた場合には、配偶者は相続そのものを放棄しない限り、これを放棄することができないため、かえって配偶者の保護に欠ける結果となるおそれがあるとの指摘がされた。このような指摘を踏まえ、…（中略）…長期居住権の取得事由から『遺産分割方法の指定』による場合を削除し、遺言で配偶者に長期居住権を取得させる場合には遺贈に限るものとしている」とされています[2]。

　したがって、相続法改正の立法者は、遺産分割方法の指定である特定財産承継遺言の利益を放棄することはできないとの立場から立法化を行ったと考えられるため、特定財産承継遺言の利益は、利益を受ける相続人単独の意思では放棄できないと解しておくのが安全と考えられます。

　もっとも、相続人全員が合意するのであれば、遺言と異なる遺産分割が可能であると解されているため（**Q21**参照）、遺言によって相続人が取得す

1　消極説として、東京高裁平成21年12月18日決定
2　法制審議会民法（相続関係）部会「第15回会議議事録」及び「資料15」

る財産についても遺産分割対象財産とし、遺言と異なる遺産分割を行うことで、事実上、遺言の利益を放棄することも可能となるものと考えられます。

POINT

1　特定遺贈の受遺者は、いつでも遺贈の放棄ができますが、遺贈の承認及び放棄は原則として撤回することができないので注意が必要です（民989①）。

2　特定財産承継遺言の相続人が、承継した一部の遺産のみ放棄したい場合において、当該遺産を遺産分割対象財産とする旨の相続人全員による合意が難しいときには、相続の放棄により一切の財産を取得しないか、その遺産を取得するかのいずれかとなります。

Q13　内縁配偶者の相続権の有無

　内縁の夫が死亡しました。内縁の夫には長男がおり、すべて自分が相続
すると言っています。私が被相続人の面倒をみていましたが、内縁の妻に
は何の権利もないのでしょうか。

A　内縁の妻は、法定相続人である被相続人の配偶者（民890）には当
たらず、相続権はありません。ただし、被相続人の所有する不動
産（自宅）で長年同居し、内縁の夫の面倒をみていた場合、自宅の居住権
（内縁の夫との使用貸借契約）が認められる可能性があります。
　また、年金に関する法律は、内縁の配偶者も「配偶者」の範囲に含むた
め（国民年金法5⑦、厚生年金保険法3②）、年金の受給権が認められる可能性
があります。

1 内縁の配偶者の権利

　内縁の配偶者には相続権がないため、被相続人と共に居住していた住居
を相続した相続人から、建物明渡しと退去までの賃料相当損害金の請求を
されることとなります。
　しかし、戸籍上の婚姻関係にないという以外は法律上の夫婦と異ならな
いとの状況に鑑み、内縁の配偶者を救済する解釈として、以下の判例があ
ります。
　判例[1]は、被相続人と内縁の妻が、共有する不動産に居住して事業を営
んでいた事案において、要旨、「一方が死亡した後に他方が共有物を単独
使用する旨の共有物の使用収益に関する合意の成立を認めることが当事者

の意思に合致するものというべきであろう」として、内縁の妻の退去義務と賃料相当額の損害金の支払義務を否定しました。

上記判例は、内縁の妻が、自己の共有持分権に基づき、共有物の全部を使用する権原を有していたことから、もともと明渡請求は認められない事案でしたが、居住不動産が被相続人の単独所有のケースについても、裁判例[2]は、同様の解釈で内縁の妻の使用貸借契約を認めています。

しかし、仮に内縁の妻の使用貸借契約が認められたとしても、契約期間中に、相続人が第三者に対して当該不動産を売却する場合、新たな所有者である第三者は、相続人と異なり、被相続人から当該契約の当事者たる地位を承継しないため、内縁の妻は明渡請求を受ける可能性があります。

❷ 年金受給権

本問とは異なり、いわゆる重婚的内縁関係にある場合には、戸籍上の配偶者への支給を認める結果、内縁の配偶者への支給を認めないとした判例[3]もありますので、注意が必要です。

1　最高裁平成10年2月26日判決
2　大阪高裁平成22年10月21日判決、名古屋地裁平成23年2月25日判決
3　東京高裁平成19年7月11日判決

POINT

1　配偶者居住権

　民法及び家事事件手続法の一部を改正する法律（平成30年法律第72号）により、新たに配偶者居住権（民1028）が定められましたが、配偶者居住権を有する「配偶者」とは、法律上被相続人と婚姻していた者（民739）に限られ、本問のような内縁の配偶者は含まれません。

2　内縁の配偶者に財産を残す方法

　内縁配偶者が相手方にすべての財産を遺したい場合には、包括遺贈の遺言（この場合、受遺者は相続人と同一の権利義務を負うことになるため、債務等も承継することになる）や、自宅不動産等特定の財産を指定した特定遺贈の遺言を作成することができます。

　ただし、本件のように、内縁の夫の子が相続人の場合、相続人には遺留分がありますので、相続人と内縁の妻が遺留分侵害額請求等で争うことにならないよう、遺言の内容に配慮が必要です。

　また、生命保険金は、相続財産ではなく、受取人固有の財産となるため、内縁の配偶者を受取人に指定した生命保険に加入するという方法もあります。

Q14 特別縁故者

　内縁の夫が死亡しましたが、相続人がいません。私が被相続人の面倒を
みていましたが、何か権利はないのでしょうか。

A　民法上の配偶者は、戸籍において婚姻関係にある者である必要が
あります（民739）。内縁の妻は、法定相続人である被相続人の配
偶者（民890）には当たらず、原則として相続権はありません。しかし、生
前の内縁の夫との関係性次第で、特別縁故者として認められる可能性があ
ります。

1 相続人が不存在の場合

　相続人のあることが明らかでない場合、相続財産は法人となります（民
951）。家庭裁判所は、相続財産法人の清算のため、利害関係人等の請求
によって、相続財産の清算人[1]を選任し（改正民952①）、相続財産の清算
人が選任されたこと、及び、相続人があるならば裁判所の定めた6か月
以上の一定期間内にその権利を主張すべき旨を、公告します（改正民952
②）。

　相続財産の清算人は、上記6か月以上の期間内に満了する2か月以上
の期間を定めて、すべての相続債権者及び受遺者に対して、請求の申出を
すべき旨の公告（改正民957）を行います。裁判所の定めた公告の期間内に

1　令和3年法律第24号による改正民法（令和5年4月1日施行）における呼称。なお、改正前民法に
　おいては「相続財産の管理人」。

相続人としての権利を主張する者がいないときは、相続人並びに清算人に知れなかった相続債権者及び受遺者は、相続財産に対する各権利を主張することができなくなり（改正民958）、本件相続について、相続人が不存在であることとなります。

② 特別縁故者に対する相続財産の分与

　相続人がいない場合、家庭裁判所は、その裁量で、①被相続人と生計を同じくしていた者、②被相続人の療養看護に努めた者、③その他被相続人と特別の縁故があった者に対して、精算後残存すべき相続財産の全部又は一部を分与することができます（改正民958の2①）。

　本問の場合、内縁の妻は、上記①②に当たる者、すなわち被相続人の特別縁故者であるとして、上記公告期間満了後3か月以内（改正民958の2②）に、家庭裁判所に対し、相続財産の分与の請求を行うことができます。

　なお、③その他相続人と特別の縁故のあった者とは、上記①②に該当する者に準ずる程度に被相続人との間に具体的かつ現実的な精神的・物質的に密接な交渉のあった者で、相続財産をその者に分与することが被相続人の意思に合致するであろうとみられる程度に特別の関係にあった者をいうとされます[2]。

　特別縁故者に当たるかどうかについては、被相続人の意思に合致する点が重視されることから、いわゆる内縁関係に限られず、例えば被相続人に対して経済的・精神的援助を行った者、自然人以外にも認められます。

　具体的には、生前の絆が被相続人の別荘で度々一緒に時間を過ごし、実の息子夫婦のように可愛がっていた被相続人の甥の妻や、被相続人の自宅

2　大阪高裁昭和46年5月18日決定
3　東京家裁平成24年4月20日審判

の鍵を預かって家事を行い、被相続人の妻の世話を続けた被相続人の妻の従妹に対し、一部財産の分与を認めた裁判例[3]があります。

POINT

1　内縁の夫婦は、互いに法定相続人に当たらないため、相手方に対して財産を残したい場合には、相続財産を相手方に特定遺贈・包括遺贈する旨の遺言を作成するとよいでしょう。
2　特別縁故者として認められるか、認められる場合にどの程度の相続財産が分与されるかは、いずれも家庭裁判所の裁量によって決まります（改正民958の2①）。そこで、特別縁故者に対する相続財産の分与審判申立てにあたっては、例えば、被相続人と長年同居していたこと、周囲からも夫婦と認められていたこと、常日頃被相続人の身の回りの世話をしていたこと、施設や病院に入所させるための手続きや看病を行っていたこと、被相続人を看取り、葬儀等を執り行ったこと等の具体的事実を申立ての理由として記載するとともに、これらの事情がわかる資料（同居の事実を示す郵便物、日記、家計簿、施設の入居や病院への入院等各種手続書面等）を提出するとよいでしょう。

第**2**章

遺産分割

本章では、遺産分割は実際にどのように行われるのかについて、概説します。

遺産分割協議・調停・審判等各手続の概要、遺産分割の当事者・遺産分割の対象となる財産の範囲・各遺産の評価方法・具体的な遺産分割方法といった基本事項と、各場面ごとによく問題となるポイントについて取り上げます。

Q15　遺産分割の手順・期限

（1）遺産はどのようにして分割内容を決めるのですか。【遺産分割の手順】

（2）遺産分割は相続開始後、いつまでもできるのですか。【遺産分割協議の期限】

A　（1）遺言がある場合には遺言に従いますが、遺言がない場合には、相続人全員の任意の協議により分割内容を決めることが原則であり、協議がまとまらない場合には家庭裁判所の調停により、それでもまとまらない場合には審判により分割内容が決定されます。

　民法には遺産分割の方向性を決めるものとして、法定相続分とその修正事項としての特別受益・寄与分の定めがあり、これによって定まる具体的相続分を各相続人が取得するべく協議を行いますが、任意の協議及び調停の場合には、具体的相続分に縛られず合意することが可能です。審判の場合には、当事者の意向を踏まえつつ、具体的相続分に従って裁判所が分割内容を決定します。

（2）被相続人が遺言で遺産の分割を禁じた場合を除き、いつでも遺産分割をすることができます（民907、908）。つまり、遺産分割自体に特に法律上の期限は定められていません。しかし、令和3年民法改正により、相続開始後10年を経過すると、原則として特別受益（民903①）、寄与分（民904の2①）を主張できないものとされました（民904の3）。

❶ 遺産分割の手順

　遺産分割については、まず、遺言の存否が重要です。遺言がある場合には、遺言に従って遺産の帰属先が定まるためです。

（1）遺言がある場合

　すべての遺産について遺産分割方法の指定（特定財産承継遺言。例として「すべての遺産を甲に相続させる」等）又は遺贈がされた遺言がある場合は、遺言により各遺産が相続人又は受遺者に帰属することとなるため（Q34参照）、遺産分割を行う余地がありません。

　一部の遺産についてのみ遺産分割方法の指定又は遺贈がなされた遺言（例として、不動産3棟＋預貯金の遺産があり、「不動産A（1棟）を甲に相続させる」と記載した遺言）がある場合は、指定された遺産（不動産A）それ以外の遺産のみを対象とした遺産分割を行います。

　相続分の指定がされた遺言（例として「すべての遺産の7割を甲に、3割を乙に」など割合のみの指定等）がある場合は、遺産の帰属先までは定まっていないため、この指定相続分に従い、各遺産分割を行うことになります（民902）。

　なお、遺言と異なる内容の遺産分割については、Q21を参照してください。

（2）遺言がない場合及び遺言により一部の財産のみ帰属先が定まっている場合（遺産分割の対象となる遺産が残っている場合）

　まず、相続人を確定し、相続財産を調査し、遺産の範囲と評価を確定します。各共同相続人は、相続分に応じて被相続人の権利義務を承継しますが（民899）、特別受益や寄与分により法定相続分が修正される場合はこれを考慮します（具体的相続分）。そのうえで、遺産分割方法（現物分割、代償分割、換価分割、共有分割）及び具体的内容を決定します（遺産分割の方法につき、Q23参照）。

　相続人全員で合意ができる場合には、どのような内容の遺産分割も可能ですが、協議で合意ができない場合は、家庭裁判所に遺産分割調停を申し立てます（民907②）。調停でも合意ができない場合には、家庭裁判所は、各相続人の具体的相続分を基準に、遺産の内容や相続人に関する一切の事情を考慮して（民906）、遺産分割の審判を行います（家手法272④、39）。

　なお、遺産分割調停の流れにつき、**Q16**を参照してください。

　ここで、法定相続分を修正する制度である特別受益と寄与分について説明しておきます。

❶ 特別受益

　相続人の中に、被相続人から遺贈や生前贈与を受けた者がいる場合、当該相続人が、相続においてさらに法定相続分を承継すると不公平が生じます。そこで、相続人間の公平を図るため、「贈与の金額や贈与の趣旨から、遺産の先渡しと認められる程度に高額の金員の贈与がある場合」には、特別受益として、相続財産に持ち戻して（加算して）、相続分を算定します（民903）。

　例えば、持参金（婚姻又は養子縁組のための贈与）、不動産や借地権の贈与、不動産取得や営業資金としての現金の贈与（生計の資本としての贈与）等が典型例です。

　これに対し、特別受益に当たらないものとして、親族間の扶養の範囲の支出があります。例として、高校卒業後の学費につき、「その費用に差が生じることがあるとしても親の子に対する扶養の一内容として支出されるもので、遺産の先渡しとしての趣旨を含まないものと認識するのが一般的である」としたものや[1]、少額の贈与が長期間行われ、総額が多額となった事例につき、「一月に10万円を超える送金…（中略）…に満たないその

1　大阪高裁平成19年12月6日決定

余の送金は親族間の扶養的金銭援助にとどまり生計資本としての贈与とは認められないと思慮する」とした裁判例[2]があります。

　また、受取人固有の財産である生命保険（死亡保険金）や死亡退職金は遺産分割対象財産ではないため、原則として特別受益には当たりませんが、例外的に該当する場合もあります（Q39参照）。

❷ 寄与分

　上記と同様に、相続人間の公平を図るため、共同相続人中に、被相続人の財産の維持又は増加に親族間で通常期待される程度を超える貢献をした者があるときは、相続財産から寄与分として控除したものを相続財産とみなして相続分を算定し、当該相続分と寄与分を加算した額を寄与者が相続する制度です（民904の2）。

　寄与分が認められる要件として、①被相続人との身分関係に基づいて通常期待される程度を超える特別の貢献があること、②寄与行為の結果、被相続人の財産の維持・増加があることが必要とされ、「家事従事型」（無報酬に近い状態で被相続人の事業に従事する場合）、「金銭出資型」（被相続人に対して不動産購入資金や医療費等の負担等を行う場合）、「療養看護型」（無報酬に近い状態で被相続人の療養介護を行う場合）等が考えられます。

❸ 具体的相続分の算定方法

　特別受益、寄与分を考慮した具体的相続分の算定方法は次のとおりです。

　　・特別受益者
　　　（遺産の価額＋特別受益）×相続分－特別受益額＝具体的相続分
　　・特別受益者以外
　　　（遺産の価額＋特別受益）×相続分＝具体的相続分

2　東京家裁平成21年1月30日審判

・寄与分がある者

　（遺産の価額−寄与分）×相続分＋寄与分＝具体的相続分

・寄与分がある者以外

　（遺産の価額−寄与分）×相続分＝具体的相続分

② 遺産分割の期限

　次に、遺産分割自体に特に法律上の期限は定められていません。したがって、いつまででも協議をすることはできます。しかし、以下の制限が設けられました。

（1）特別受益と寄与分の制限

　遺産分割に期限の定めはありませんが、令和3年民法改正（令和3年法律第24号による改正）により、①相続開始の時から10年を経過する前か、②10年の期間満了前6か月以内に遺産分割を請求することができないやむを得ない事由が相続人にある場合（例えば、他の相続人の相続放棄により新たに相続人となった場合等）はその事由が消滅した時から6か月以内に、家庭裁判所に遺産分割の請求をしない限り、特別受益と寄与分の主張をすることができなくなりました（改正民904の3）。

　この結果、各相続人の法定相続分を修正する上記❶の特別受益や寄与分を踏まえた遺産分割ができなくなります。ただし、任意の協議や調停で合意ができた場合には、実質的にこれらを踏まえることも可能です。

　改正法の施行は令和5年4月1日の予定です。施行日前に相続が開始した遺産分割についても適用されますが、経過措置として、相続開始後10年が経過しても施行日（令和5年4月1日）から5年を経過する時までに遺産分割が行われる、あるいは遺産分割調停の申立てがされる場合には、改正民法は適用されず、引き続き、特別受益と寄与分の主張が可能です（令和3年法律第24号附則3）。

　これに付随して、遺産分割の対象となる不動産については、裁判による共有物分割（民258①）はできませんが（改正民258の2①）、相続開始の時から10年を経過したときは、遺産分割手続によらず、共有物分割手続ができることになりました（改正民258の2②）。

（2）相続登記の期限

　そのほか、遺産分割協議自体の問題ではありませんが、不動産登記法上の相続登記の期限が設けられましたので、注意してください。

　相続（相続人に対する遺贈）により不動産を取得した者は、相続開始のあったことを知り、かつ当該不動産所有権を取得したことを知った時から3年以内に相続登記の申請をすること及び遺産分割が成立した場合には、分割成立後3年以内に分割内容に沿った相続登記を行うこと（改正不登法76の2）が義務づけられました。また、相続人が申請義務を簡易に履行することができるように、相続人申告登記（所有権の登記名義人の相続が開始したことと、自らがその相続人であることを期間内〔3年以内〕に申し出ることにより、申請義務を履行したものとみなす）が新設されました（改正不登法76の3）。

　従前は相続登記の申請が義務とされておらず、特に価値の低い地方の土地等については費用や手間をかけてまで登記を行う動機づけがありませんでした。そこで、相続人申告登記を新設し、遺産分割前の特定の相続人による単独の申告登記の申出を可能にするとともに、遺産分割成立時の相続登記を義務化し、これを怠った場合は10万円以下の過料に処するとの規定が設けられました（改正不登法164①）。

　この改正は、施行日前に相続が開始した不動産についても適用されますが、経過措置として施行日（令和6年4月1日）から3年を経過する時までに登記申請をすればよいとされています（令和3年法律第24号附則5⑥）。

POINT

　遺産分割は、協議、調停、審判により行い、その期限はありません。

　しかし、相続発生後、遺産分割が行われないまま長期間が経過すると、相続に関する様々な資料も失われたり、数次相続が発生し、相続手続が煩雑になる、相続人が特定できないといった問題が生じます。

　このため、特別受益や寄与分の主張制限や登記義務が立法化されました。相続開始後はすみやかに遺産分割を行うべきでしょう。

Q16 遺産分割調停

遺産分割協議がととのわず、家庭裁判所に調停を申し立てることになりました。どのような流れで手続きが進むのか、教えてください。

A 遺産分割協議がととのわないとき、相続人や包括受遺者（複数人でも可）は、他の相続人全員を相手方として、相手方（複数人いる場合には、そのうちの一人）の住所地の管轄裁判所に対し、遺産分割調停を申し立てることができます（民907②）。

遺産分割調停は、当事者が遺産分割に関するあらゆる事項について五月雨式に主張をすることで審理が長期化しないよう、おおむね以下の順序で段階的に進行します。

① 相続人の範囲の確定
② 遺産の範囲の確定
③ 遺産の評価についての合意
④ 特別受益、寄与分の確定
⑤ 遺産の分割方法の決定

遺産分割調停は、家庭裁判所の調停委員会（家事審判官〔裁判官〕1名と調停委員2名で構成）が、中立的な立場で遺産分割当事者双方の主張を聞いたうえで、被相続人の遺産は何か、当該遺産を相続人間でどのように分割するか、との点につき話し合いでの解決（合意）を目指す手続きです。それぞれの段階で、調停委員会が以下の内容を確認しながら進行します。

① 相続人の範囲の確定

　遺産分割は相続人全員が参加して行う必要があることから、まずは遺産分割の当事者を確認し、確定させます。例えば、被相続人との養子縁組や婚姻無効との主張をする場合には、遺産分割調停の前に人事訴訟で養子縁組無効訴訟（民802）や婚姻無効訴訟（民742）を提起します。相続人の中に認知症や病気により、遺産分割について判断する能力のない人がいる場合には、法定後見制度を利用して成年後見人等を選任する必要があり（Q18参照）、相続人の中に未成年者がおり、未成年者と未成年者の法定代理人である親権者双方が相続人となる場合には、未成年者のための特別代理人を選任する必要があります。相続人の中に行方不明の者がいる場合には不在者財産管理人の選任や失踪宣告の手続きを行います（Q19参照）。

② 遺産の範囲の確定

　遺産分割は未分割の遺産について行うことから、有効な遺言がある場合には、遺言書の内容が優先されます。また、有効な遺産分割協議が成立している場合も同様です。つまり、遺言や遺産分割協議により遺産の分割方法が確定している場合には、分割すべき遺産が存在しない（すべての遺産が相続人らに承継されている）ことになるので、遺産分割は不要となります。遺言や遺産分割が無効だと主張する場合には、遺産分割調停の前に遺言無効確認訴訟や遺産分割無効確認訴訟等を提起します。

　また、「第三者名義だが、被相続人の所有である（いわゆる名義預金等）」、あるいは、「被相続人名義だが第三者の所有である」といったように、被相続人の遺産かどうかを争う場合には、相続人全員を当事者とした遺産分割の前に遺産確認の訴え[1]で当該財産が被相続人の遺産に属することを確認する必要があります。

　なお、被相続人の口座が解約されたり、預貯金が引き出されてしまった場合、当該預貯金は、被相続人の遺産としては残っていないため、遺産分割調停では、原則として扱いません（**Q24**参照）。

③ 遺産の評価についての合意

　遺産を各相続人の具体的相続分に応じて適正に分配するためには、各遺産の価値を評価する必要があります。具体的相続分は相続開始時の財産を基準に行うため相続開始時を基準に遺産の評価を行い、そのうえで、相続開始時と遺産分割時で評価額（市場価値）が変わる財産もあることから遺産分割時の評価も行うのが理論的ですが、実務では、遺産分割時の各遺産の評価額を合意する場合が多いと思われます。不動産であれば、不動産会社発行の査定書や、公示価格、相続税評価額、固定資産税評価額等の公的基準をもとに算出した金額、預貯金であれば通帳や残高証明書、上場株式等であれば遺産分割直前の月平均価格等をもとに、各遺産の評価額につき、合意をします。不動産や非上場株式等の財産評価について争いが生じる場合、専門知識や資格を有する調停委員や専門委員の意見による合意を試みることもありますが、最終的には裁判所が選任した鑑定人による鑑定評価を行います。鑑定費用は相続人が負担します。

④ 特別受益、寄与分の確定

　特別受益、寄与分の内容については、**Q15**を参照してください。

　特別受益につき、実務では特別受益主張整理表に基づいて、特別受益の有無や評価額についての双方の主張や根拠資料を整理しながら進行し、合

1　最高裁昭和61年３月13日判決、最高裁平成元年３月28日判決

意できない場合は審判で判断されることになります。

　寄与分につき、合意できない場合は、寄与分を定める審判の申立てを行い（民904の2②④）、審判で判断されることになります。

⑤　遺産の分割方法の決定

　具体的な遺産分割方法（Q15参照）の選択は、調停の場合には当事者たる相続人の合意によります。しかし、合意できない場合には、遺産分割当事者の意向を可能な限り尊重しつつ、「遺産に属する物又は権利の種類及び性質、各相続人の年齢、職業、心身の状態及び生活の状況その他一切の事情を考慮して」（民906）、家庭裁判所がその裁量により決定します。審判においては、原則として現物分割、代償分割、換価分割、共有分割の順位で検討し、決定されます。

　調停において当事者間で合意が成立し、合意の内容が調停調書に記載されると、調停が成立します（家手法268①）。当事者間で合意が成立する見込みがない場合は、調停は不成立として終了し、調停申立ての時に遺産分割審判の申立てがあったものとして審判手続が開始します（家手法272④）。裁判所は、原則として当事者からの陳述を聴き（家手法68①）、必要に応じて職権で事実の調査を行ったうえで（家手法56①）、遺産分割についての終局的判断として審判を行います（家手法73、76）。

　遺産分割審判となる場合は、例えば、遺産分割対象財産以外の財産も含めて遺産分割する、各相続人の法定相続分とは異なる割合の遺産分割方法とする等の柔軟な遺産分割はできなくなります。

　審判の内容に不服がある場合には、高等裁判所に即時抗告をすることができます（家手法198）。

POINT

　遺産分割調停は、原則として、①相続人の範囲の確定、②遺産の範囲の確定、③遺産の評価についての合意、④特別受益・寄与分の確定、⑤遺産の分割方法の決定と、段階を踏んで進行します。

　これを踏まえて適時、適切に主張と証拠を提出することになります。

Q17 相続分の譲渡・放棄

（1）父の死亡後、すでに1年が経っていますが、他の相続人の争いを見て嫌になりました。相続に関与したくないのですが、どのようにすればよいですか。【相続分の譲渡、放棄】

（2）相続分の譲渡・放棄と、相続放棄は何が違うのですか。【相続分の譲渡・放棄と相続放棄の効果】

A （1）他の相続人に対してあなたの相続分を譲渡するか、相続分を放棄することで、遺産分割の当事者から離脱することができます。

（2）「相続分の譲渡」とは、自己の相続分（相続財産全体に対する相続人の包括的持分）を、他の相続人や相続人以外の第三者に譲り渡すことです（民905参照）。

相続分の譲受人が他の相続人の場合は、譲渡人の相続分だけ譲受人の相続割合が増えることになるので、他の相続人に相続分を譲渡することにより、遺産分割当事者を減らすことができます。

相続分の譲受人が第三者の場合は、譲受人が新たに遺産分割の当事者となるので、例えば内縁の配偶者に相続分を譲渡することにより、当該第三者が遺産分割協議に参加することができるようになります。

「相続分の放棄」とは、相続人が自己の相続分を放棄することです。相続分の放棄により、放棄者が有していた相続割合を、他の相続人が各自の相続割合に応じて取得することになります。

「相続放棄」とは、被相続人の権利や義務を一切承継しない旨の意思表示であり、家庭裁判所にその旨を申述する方法により行います（民938）。

相続放棄をすると、最初から相続人ではなかったと扱われるため、そもそも遺産分割の当事者とはなりません。

　相続分の譲渡や相続分の放棄と異なり、相続放棄ができる期間（相続開始を知った時から3か月の熟慮期間）や相続放棄の手続き（家庭裁判所への申述）が厳格に定められているため、注意が必要です。

　本問の場合、父の相続開始から1年が経っているため、相続放棄はできません。

❶ 相続分の譲渡

　相続分の譲渡について、判例[1]は「共同相続人のうち自己の相続分の全部を譲渡した者は、積極財産と消極財産とを包括した遺産全体に対する割合的な持分を全て失うことになり、遺産分割審判の手続等において遺産に属する財産につきその分割を求めることはできないのであるから、…（中略）…遺産確認の訴えの当事者適格を有しない」と判示し、相続分の譲渡により、譲渡人の遺産全体に対する割合的持分、すなわち具体的相続分が譲受人に移転することを明らかにしました。

　相続分が遺産全体に対する割合的持分である以上、相続分（個々の財産の共有持分権ではないことに注意）の一部のみを譲渡することもできます。

　相続分の譲受人は、積極財産のみならず、相続分の割合に相当する相続債務を承継することになります。債権者の同意なく債務者の地位を交代できないことが大原則であるため、譲渡人は債権者との関係では債務を免れることはできず、譲受人が連帯債務類似の状態あるいは併存的にこれを引き受けるものと解されています[2]。

1　最高裁平成26年2月14日判決
2　潮見佳男編『新注釈民法（19）』（有斐閣）325頁

　なお、具体的な手続きや相続分譲渡証書の内容については、**Q20**を参照してください。

② 相続分の放棄

　相続分の放棄に関する規定はありませんが、実務上は、遺産全体に対する共有持分権を放棄する意思表示（民255参照）として行うことができるとされています。相続分の譲渡と同様に、「遺産分割の当事者からは離脱したいが、特定の相続人に譲渡することは抵抗がある」という場合に選択されることがあります。

　また、相続放棄と異なり、相続分の放棄を行っても、あくまでも相続人としての地位は有したまま自己の相続分のみを放棄する行為であることから、被相続人に債務がある場合、第三者である債権者との関係においては、マイナスの財産（相続債務）を免れることはできません。また、相続分の放棄については、家庭裁判所の遺産分割調停手続上は認められているものの、調停手続外の放棄が行われた場合については明文の規定がないことから、遺産である不動産の登記の際に障害になる場合があるようです。このため、調停手続外で離脱する場合には、相続分の譲渡のほうが、その後の手続きが円滑です。

　相続分の譲渡及び相続分の放棄とも、遺産分割調停中に行う場合は、家庭裁判所に譲渡証書や放棄書とともに届出書を提出します。家庭裁判所の排除決定（家手法258①、43①）がされると、譲渡者、放棄者は遺産分割調停（審判）の当事者から離脱します。

③ 相続放棄

　相続人は、「相続開始の時から、被相続人の財産に属した一切の権利義

務を承継する」（民896）ことから、不動産や預貯金等のプラスの財産だけではなく、債務等のマイナスの財産も相続することになります（包括承継主義）。

　そこで、法は、相続人の自由な意思により、原則として相続人が自己のために相続の開始があったことを知った時から3か月以内（熟慮期間）に、相続について承認するか（単純承認と限定承認の違いについて、ここでは割愛する）、相続放棄をするかの選択ができるよう定めています（民915）。

　相続放棄をした者は、その相続に関しては、初めから相続人とならなかったものとみなされます（民939）。すなわち、相続放棄により、もともと相続人ではないと扱われるため、プラスの財産もマイナスの財産もすべて相続しないことになります。

　したがって、相続放棄は、相続の全部についてなされる必要があり、一部のみについての放棄は認められません。

④ 各手続の違い

項　目	相続分の譲渡	相続分の放棄	相続放棄
根拠条文	民905	――	民915①、938、939
法的性質	相続人が承継した権利義務を移転する契約	単独行為	単独行為
期間制限	遺産分割確定前	遺産分割確定前	3か月（熟慮期間）
手　続	遺産分割調停中は手続排除決定	遺産分割調停中は手続排除決定	相続放棄の申述
法的効果	遺産分割からの離脱	遺産分割からの離脱	相続人とならなかったものとみなす
債務負担	併存的	あり	なし

POINT

　相続分の譲渡、相続分の放棄、相続放棄をすることにより、いずれも遺産分割の当事者から離脱することができますが、その手続きや効果は異なります。相続開始からの期間、相続財産の内容、他の相続人との関係性等により、どの方法によるのかを見極める必要があります。

Q18   遺産分割協議の当事者

（1）父が死亡しました。相続人は、母、長女、長男（私）です。母が認知症なので、母を除いて遺産分割協議を行うことはできますか。【遺産分割協議の当事者】

（2）父が死亡しました。相続人は、母、長女、長男（私）です。母が認知症なので、母の代わりに長女が、母の分の遺産分割協議を行うことはできますか。【遺産分割当事者の行為能力】

A　（1）遺産分割協議は、相続人（及び包括受遺者）全員で行う必要があります。そのため、相続人である母親を除いて遺産分割協議を行うことはできません。

（2）遺産分割の当事者が、他の当事者を代理して遺産分割協議を行うことはできません。母親の認知症の状況（判断能力の低下の程度）に応じて、法定後見制度を利用する必要があります。

1 遺産分割の当事者

　遺産分割は、遺産、すなわち相続開始の時に被相続人が有していた財産（民896参照）につき、相続人の中の取得者を確定させる手続きです（民906以下）。

　相続人が複数の場合、遺産は相続人の共有となっていることから（民898）、相続人全員において、個々の遺産の取得者を定める必要があり、相続人の一部を除外してなされた遺産分割協議は無効となります。また、包括受遺者（包括遺贈を受けた者）は相続人と同一の権利義務を有すること

から（民990）、包括受遺者を除外してなされた遺産分割協議も無効となります。

　本件の場合、母親は認知症であっても相続人ですから、母親も含む相続人全員で遺産分割協議を行わなくてはなりません。

❷ 遺産分割当事者の行為能力

　遺産分割を行う相続人には、遺産分割に関する意思能力（単独で完全に法律行為をなし得る能力）が必要です。

　相続人が認知症の場合は、程度によっては意思能力がないと考えられますので、その場合には、下記（1）の後見の利用が必要になります。また、意思能力がないとまではただちに判断し難い場合にも、本人の判断能力の低下の程度に応じて、念のため、下記（2）又は（3）の保佐・補助の制度の利用を検討する必要があります。

（1）後見開始の審判

　相続人が、精神上の障害（認知症、知的障害等）により事理を弁識する能力を欠く常況にある場合、家庭裁判所は、申立権者の請求により、後見開始の審判をし、成年後見人を選任します（民7、8）。

　成年後見人は、成年被後見人である相続人の法定代理人として、遺産分割に関する法律行為についての代理権を有するので、成年後見人が遺産分割協議の当事者となります（民859①参照）。

　また、家庭裁判所は、必要があると認めるときは、成年後見人に対し、成年後見監督人を選任し（民849）、又は、直接後見の事務や被後見人の財産調査をすることができます。このように、成年後見人の任務懈怠等により、遺産分割の内容が成年被後見人にとって不利益な内容にならないよう、成年被後見人の保護が図られています（民863）。

（2）保佐開始の審判

　相続人が、精神上の障害により事理を弁識する能力が著しく不十分である場合、家庭裁判所は、申立権者の請求により、保佐開始の審判をし、保佐人を選任します（民11、12）。

　被保佐人が、保佐人の同意を要する行為として、元本領収、借財、不動産その他重要な財産の売買等が挙げられていることから（民13）、「精神上の障害により事理を弁識する能力が著しく不十分である者」とは、「日常の買い物程度は自分でできるが、重要な法律行為については適切に行うことができない者」と考えられます。

　そして、保佐人の同意を要する行為には、遺産分割も含まれるため（民13①六）、被保佐人本人（本件の場合は母親）が遺産分割協議の当事者となりますが、遺産分割協議の内容につき、保佐人の同意が必要になります。

　なお、家庭裁判所は、被保佐人のために特定の法律行為に関する代理権を保佐人に付与するとの審判をすることができるため、本人の同意を得て、遺産分割に関する代理権付与の申立てもできます（民876の４）。保佐人に代理権が付与された場合には、保佐人が被保佐人である相続人の法定代理人として、遺産分割協議の当事者となります。

（3）補助開始の審判

　相続人が、精神上の障害により事理を弁識する能力が不十分である場合、家庭裁判所は、申立権者の請求により、補助開始の審判をし、補助人を選任します（民15）。補助開始の審判は、補助人による同意権付与の審判又は代理権付与の審判とともにしなければならないため（民15③）、補助人には、「同意権の付与（民17①、民13①の行為の一部）」、「代理権の付与（民876の９①）」、「同意権及び代理権の付与」が可能です。

　補助人に遺産分割に関する同意権が付与された場合には（民13①六）、被補助人本人（本問の場合は母親）が遺産分割協議の当事者となりますが、遺産分割協議の内容につき、補助人の同意が必要になります。

　補助人に遺産分割に関する代理権が付与された場合には、補助人が被補助人である相続人の法定代理人として、遺産分割協議の当事者となります。

（4）成年後見人等も相続人の場合

　法定後見人等（後見人、保佐人、補助人）が被後見人等（被後見人、被保佐人、被補助人）と共同相続人の関係にある場合、法定後見人等が被後見人等を代理して遺産分割協議を行うことは利益相反行為となります（民860、826）。

　この場合、成年後見監督人、保佐監督人、補助監督人がいれば、その者が遺産分割の当事者となりますが、各監督人がいない場合には、成年後見人の場合は特別代理人を、保佐人・補助人の場合はそれぞれ臨時保佐人・臨時補助人の選任を家庭裁判所に申し立て、特別代理人・臨時保佐人・臨時補助人が、認知症の相続人に代わって遺産分割当事者となります（民826①、851四、876の2③、876の3②、876の7③、876の8②）。

POINT

1　相続人の一部を除外して行った遺産分割は無効です。ただし、相続放棄をした者はその相続に関しては初めから相続人とならなかったものとされるため（民939）、遺産分割協議の当事者にはなりません。なお、相続分の譲渡や相続分の放棄をした相続人については、Q17を参照してください。

2　相続人が認知症の場合は、法定後見制度を利用することになります。特に相続人の認知症等が進んでおり、成年被後見人となる場合、成年後見人は被後見人の法定代理人として、被後見人の財産を保護すべき義務があることから（民869、644）、法定相続分を確保すべく協議を行うこととなります。そこで、例えば不動産や預貯金等の遺産の内容に応じた法定相続分と異なる遺産分割案や、二次相続を見据えた柔軟な遺産分割案による合意は難しくなります。被相続人は、相続人が認知症となる場合も想定し、遺言を作成するべきでしょう。

Q19 行方不明の相続人がいる場合

父が死亡しました。相続人は、長男と私（次男）ですが、兄が行方不明です。どうすればよいでしょうか。

A （1）兄が行方不明となり、その生死が7年以上明らかでないとき、あるいは天災や事故等に遭遇した後、その生死が1年以上明らかでないときは、家庭裁判所による失踪宣告を受けることより、7年の期間満了日、あるいは危難が去った時（死亡みなし時）に死亡したものとみなされます。【失踪宣告】

父の相続発生時と兄の死亡みなし時の前後関係により、遺産分割の当事者が変わります。

（2）兄が行方不明になり、容易に戻ってくる（帰来する）見込みがないものの、7年を経過していないときは、まずは、不在者財産管理人選任申立てを行います。さらに、不在者財産管理人が、家庭裁判所から権限外行為の許可を得たうえで、あなたと遺産分割を行うこととなります。【不在者財産管理人】

① 失踪宣告

遺産分割協議は相続人全員で行う必要があるため、相続人の中に行方不明者がいると、そのままでは遺産分割ができません。

そこで、相続人の一人が、①7年間生死不明である場合（民30①、普通失踪）、あるいは、②死亡の原因となるべき危難（地震、火災、洪水等の天災や、船舶、航空事故等）に遭遇し、危難が去った後1年間生死不明である場

合（民30②、危難失踪）には、家庭裁判所に対し、失踪宣告の審判を求めることができます。

　普通失踪宣告では7年の期間満了日に、危難失踪宣告では死亡の原因となるべき危難が去った時に、死亡したものとみなされます（民31）。

（1）本問において、兄の死亡みなし時が先で、父の死亡が後となる場合

　父の相続発生時に、兄はすでに亡くなっていたことになります。その結果、兄は父の相続人となりません。

　仮に、兄に子ども等の直系卑属がいるのであれば、その子ども等が兄の代襲相続人となりますので、質問者（弟）と代襲相続人である子ども等で遺産分割を行うことになります（民887②、代襲相続）。

　兄に直系卑属がいなければ、父の相続人は質問者一人となり、同人が父の相続財産をすべて取得することになります。

（2）本問において、父の死亡が先で、兄の死亡みなし時が後となる場合

　父の相続発生時に、兄は相続人であったことになります。その後、兄が死亡したとみなされたことにより、兄の財産（父の遺産の相続分）は兄の相続人に承継されます（数次相続）。

　例えば、兄に妻と子どもがいる場合、質問者（弟）と兄の妻、兄の子どもの3人で遺産分割を行うことになります。

　兄に妻や子ども（配偶者や直系卑属）がいない場合で、本問のように父や母（直系尊属）もいない場合、兄の相続人も質問者（兄弟姉妹）のみとなりますので、父と兄の相続人は質問者一人となり、同人が父（と兄）の相続財産をすべて取得することになります。

❷ 不在者財産管理人

　相続人の一人が行方不明になってから7年が経過していない場合は、失踪宣告を受けることができません。そこで、まずは家庭裁判所に対し、

不在者財産管理人（以下「管理人」という）選任申立てを行います（民25①）。管理人の職務は保存・改良行為に限定されるため（民27③、103）、管理人が家庭裁判所から権限外行為の許可を得たうえで、遺産分割を行います（民28）。

　不在者財産管理人は、遺産分割の内容についても家庭裁判所に報告し、許可を得るとともに、管理財産がなくなるか、不在者の失踪宣告等まで不在者の財産を管理し、家庭裁判所に報告する必要があり、管理人の報酬も発生し続けることになります（民27、29②）。

　そこで、遺産分割においては、①不在者が帰来したときに不在者に対する代償金の支払いを約する債務負担方式の「帰来時弁済」の遺産分割を行い、管理財産が消滅したとして管理人選任を取り消す、あるいは、②実際に代償金等の金銭を受領し、管理すべき金銭の全部を供託したうえで、不在者財産管理に関する処分の取消しの審判を求め、財産管理を終了させる等の方法が考えられます（改正家手法146の2、147）。

POINT

　相続人の一人が行方不明になったときには、失踪宣告の申立てや不在者財産管理人選任の申立てをすることで、遺産分割が可能になります。

　行方不明の相続人が死亡したものとみなし、相続関係を確定させる場合には失踪宣告の申立てを行いましょう。相続人が生存しているものとし、不在者の財産として相続財産を管理する場合には不在者財産管理人を選任するのがよいでしょう。ただし、管理人による不在者財産管理が長期間続くことは、管理人の負担や管理人報酬の発生による相続財産の減少等の観点から、あまり望ましくない場合もあるので、注意が必要です。

Q20 相続人が多数いる場合の対応 ～相続分の譲渡

相続人が30人もおり、全員で遺産分割協議を行うのが現実的ではありません。何とかならないでしょうか。

A 各相続人に対し、あなたに対する相続分の譲渡をお願いし、遺産分割の当事者を減らすことを検討しましょう（民905、Q17参照）。無償あるいは有償の相続分譲渡に応じてくれる場合には、譲渡人の具体的相続分だけ、あなたの相続割合が増加することとなります。

全員から相続分の譲渡を受けられれば、あなたのみで具体的な相続手続（不動産売買や預貯金の解約）が可能となります。有償譲渡の場合にも、対価の支払時期を遺産の換価処分後とする合意をしておくことで、前払いではなく、遺産の換価（処分）後に、各相続人の法定相続分に応じた金員を相続分譲渡の対価として支払いをすることができ、代償分割に近い結果を実現できます。

1 相続人の範囲の確認

遺産分割は相続人全員で行わないと無効となってしまいます（Q18参照）。そこで、多数の相続人がいる場合、まずは、被相続人の出生から死亡までの連続戸籍、そこから判明した相続人の現在戸籍を追い、相続人を確定させ、さらに各相続人の戸籍の附票を取得して、住民票上の住所を調べます。

❷ 相続分の譲渡のお願い

　各相続人には法定相続分がありますが、連絡先すら不明である相続人の
場合、被相続人とも疎遠であることが多いことから、従前の被相続人との
関係性や、多人数相続の問題点（協議による合意が難しく、調停申立ての可能性
が高いこと、不動産登記や売買・預貯金の解約等の各手続にすべての相続人が関与す
ることの煩雑さ）等を指摘のうえ、あくまでもお願いという形で相続分の譲
渡を依頼することを検討します。

❸ 相続分の譲渡

　相続分の譲渡には、時間的制約はないため、遺産分割協議が成立してい
ない限り、いつでも行うことができます。

　相続分の譲渡を行う場合、「相続分譲渡証書」（譲渡人、譲受人の各氏名と、
譲渡人の相続分全部を無償〔有償〕で譲り渡す旨、日付を記載し、譲渡人が署名・実
印で押印する）を作成し、譲渡人の印鑑登録証明書と一緒に譲受人に交付し
ます。

　相続分を譲渡した者は、以後、遺産分割の当事者ではなくなります。

　仮に、各相続人が無償の相続分の譲渡に応じてくれない場合であって
も、有償の相続分の譲渡であれば了解するという相続人は多いと考えられ
ます。譲受人が譲渡人に対して当該相続人の法定相続割合に相当する相続
分の譲渡対価を支払うことで、譲渡人にとっては、遺産分割協議や調停に
参加せず、各種相続手続に関与する必要もないまま、あたかも遺産分割で
代償金を取得するのと同様の効果が得られるからです。

　この場合には、譲受人が他のすべての相続人から相続分の譲渡を受けて
遺産を現金化するに足りる期間後の支払いとすることや、譲渡を拒絶した
相続人との間での遺産分割の成立後に遺産を換価するに足りる期間後の支

払いとするなど、支払時期について工夫をしなければ、自己の財産から前払いすることになり得ますので、注意が必要と思われます。

POINT

　被相続人が高齢かつ兄弟姉妹（第3順位）の相続の場合、代襲相続により相続人が多数になる傾向があります。相続人の数が多いほど、相続人間が疎遠となり、相続人を確定させ、連絡をとることすら難しくなります。また、数次相続（相続開始後、遺産分割が完了する前に相続人にさらに相続が発生すること）が発生し、さらに相続人が増える、相続人が正確に把握できないという事態にもなり得ます。

　仮に、相続人が確定し、相続分の譲渡や遺産分割の合意ができたとしても、結局のところ、被相続人と最も身近な関係にある相続人が、上記のような各種相続手続を一手に引き受けたうえで、被相続人との関係が希薄な相続人に対して法定相続分に相当する相続分譲渡対価の支払いや、遺産分割手続を行うことになります。

　兄弟姉妹に遺留分の権利は認められていないので（民1042）、直系卑属のいない人は、もっとも身近な相続人が相続手続で苦労しないよう、遺言書を作成しておくことが肝要です。

Q21　遺言と異なる遺産分割協議

父が死亡しました。相続人は長男（私）と次男です。私にすべてを相続させる旨の父の遺言があったのですが、弟が気の毒なので、遺言と異なる遺産分割協議をしたいと思いますが可能でしょうか。

A　あなたにすべての財産を相続させる旨の遺言がある場合でも、あなたと弟（相続人全員）が合意することで、遺言の内容と異なる遺産分割協議を行うことが可能です。

1　特定財産承継遺言

　相続させる旨の遺言について、判例[1]は「『相続させる』趣旨の遺言は、…（中略）…遺産の分割の方法を定めた遺言であり、他の共同相続人も右の遺言に拘束され、これと異なる遺産分割の協議、さらには審判もなし得ないのであるから、このような遺言にあっては、遺言者の意思に合致するものとして、遺産の一部である当該遺産を当該相続人に帰属させる遺産の一部の分割がなされたのと同様の遺産の承継関係を生ぜしめるものであり、…（中略）…特段の事情のない限り、何らの行為を要せずして、被相続人の死亡の時（遺言の効力の生じた時）に直ちに当該遺産が当該相続人に相続により承継されるものと解すべきである」として、遺産分割の方法を定めた遺言（特定財産承継遺言）であると判示します（民908）。

　また、全部包括遺贈に関する判例[2]が「遺言者の財産全部についての包

1　最高裁平成 3 年 4 月19日判決

83

括遺贈は、遺贈の対象となる財産を個々的に掲記する代わりにこれを包括的に表示する実質を有するもので、その限りで特定遺贈とその性質を異にするものではない」と判示していることから、「すべての財産を特定の相続人に相続させる」旨の遺言も、個々の相続財産すべてについての特定財産承継遺言であると解されます。

　本問では、父の特定財産承継遺言により、ただちに個々の財産すべてが質問者（長男）に対して相続により承継されていると解されることから、原則として遺産分割を行う余地はないことになります。

② 特定財産承継遺言と異なる遺産分割

　遺言は被相続人の最終の意思表示であることから、本来は、その内容に従った相続がなされるべきです。しかし、遺言の目的には、相続人間の紛争防止も含まれること、被相続人の意思と相続人らの希望とが必ずしも合致するわけではないこと等から、相続人全員で遺言と異なる遺産分割をすることが一切できないと解するのは妥当ではないでしょう。

　裁判例[3]も「このような遺言（筆者注：特定財産承継遺言）をする被相続人（遺言者）の通常の意思は、相続をめぐって相続人間に無用な紛争が生ずることを避けることにあるから、これと異なる内容の遺産分割が全相続人によって協議されたとしても、直ちに被相続人の意思に反するとはいえない。…（中略）…被相続人による拘束を全相続人にまで及ぼす必要はなく、むしろ全相続人の意思が一致するなら、遺産を承継する当事者たる相続人間の意思を尊重することが妥当である」と述べ、実務上も同様の取扱いとなっています。

2　最高裁平成8年1月26日判決
3　さいたま地裁平成14年2月7日判決

　すなわち、本問では、質問者（兄）と弟の合意により、父の遺言の内容とは異なる遺産分割を行うことが可能といえます。

　ちなみに、遺言において遺言執行者が選任されている場合、遺言内容と異なる財産の移転が行われたとしても、原則として、その効果は否定されます（民1013①）。ただし、遺言執行者の了解を得れば、遺言内容と異なる遺産分割協議を成立させることも可能であると解されています。また、相続人の一人が遺言執行者に指定されている事案において、「遺産分割の方法を定めた遺言書が作成され、遺言執行者が指定されている場合であったとしても、当該遺言書によって、遺産を相続することとされた者及び全法定相続人が同意の上で、遺産分割協議を行うことは許されると解される」と判断した裁判例[4]があります。なお、遺言で「遺産分割を禁ずる」場合は遺産分割ができません（民908①）。

　遺言執行者が選任されているにもかかわらず遺言執行者の同意がない場合に、遺言の内容と異なる遺産分割をしたと相続人が主張しても、当該合意は、遺産分割としては無効となります。この点、当該合意につき、「遺言のとおりに相続がおこなわれた後の新たな契約」として財産が移転すると認められることまでは否定されていませんが[5]、税務上の問題が生じ得るため注意が必要です。

　同様に、特定財産承継遺言に基づき、すでに不動産の相続登記や相続税申告が完了した後に相続人間で遺産分割を行う場合には注意が必要です。登記や申告書の外見上、相続による財産承継の法律効果が確定していることになるため、改めて行った財産移転は、遺産分割によるものではなく、相続人間の贈与や交換であるとして、相続税ではなく、贈与税や所得税が

4　東京地裁平成29年2月17日判決
5　東京地裁平成13年6月28日判決。「本件遺言によって取得した取得分を相続人間で贈与ないし交換的に譲渡する旨の合意をしたものと解するのが相当」と判示しました。

課せられる可能性があるからです。

POINT

　遺言がある場合でも、相続人全員の合意がある場合には、遺言と異なる内容の遺産分割協議を行うことができると解されています。しかし、税務上の問題が生じ得る場合もあるため、注意が必要です。

Q22 遺産分割対象財産

（1）遺産分割協議で分割の対象となる財産は何でしょうか。【遺産分割協議
　　　の対象財産】
（2）預貯金債権は当然に分割されるのですか。【預貯金債権】
（3）遺産分割では債務はどのように扱われるのですか。【債務】
（4）葬儀費用は誰が負担するのですか。遺産分割協議の対象となります
　　　か。【葬儀費用】
（5）遺産分割調停では、①現に存在する、②積極財産で、③未分割のもの
　　　の要件に当てはまらないものは取り扱ってもらえないのですか。【遺産
　　　分割調停／審判の対象財産】

A　（1）遺産分割の対象となる財産は、①相続開始時に被相続人が
　　　所有し、遺産分割時にも存在する②積極財産で、③未分割のもの
です。例えば、被相続人名義の不動産、不動産賃借権、預貯金や株式や投
資信託受益権、現金等がこれに当たります。

（2）被相続人が金融機関に対して有する預貯金債権（普通預金債権、定期預
金債権、定期積金債権、通常貯金債権及び定期貯金債権等）は、当然に相続分に応
じて分割されることはなく、遺産分割の対象財産となります。

（3）債務は、相続により当然に各相続人に相続分に応じて承継されるため
（民896、899）、原則として、遺産分割の対象とはなりません。

（4）葬儀費用は、相続開始後に生じる債務であり、相続財産に関する費用
（民885）にも当たらないため、その負担につき、相続人全員で合意できな
い場合には、遺産分割協議の対象とはなりません。では、誰が葬儀費用を
負担するのかという点については、様々な解釈がありますが、葬儀の主宰

者（喪主）が負担するとする裁判例が比較的多く存在します。

（5）遺産分割協議・調停はあくまでも話し合いですから、遺産分割当事者全員の合意があれば、上記（1）の①〜③に該当しない財産であっても、遺産分割の対象とすることができます。しかし、調停でも合意ができない場合は、本来の遺産分割対象財産（①〜③）のみを対象とした審判となります。

❶ 遺産分割の対象財産

　遺産分割対象財産は、相続発生により、共同相続人間で共有（準共有）となった遺産です。

　したがって、遺産分割の対象となる財産は、相続開始時に被相続人に帰属していた財産である必要があります。また、遺産分割は、現に存在する遺産を分割する手続きであるため、分割時に存在しない財産については分割の対象とはなりません。このため、分割前に特定の相続人が勝手に遺産を費消した場合については、原則として不法行為ないし不当利得として金銭請求を行うことになります。ただし、平成30年改正により、相続人間の合意により、存在するものとして遺産分割を行う、すなわち費消した相続人が遺産分割により取得したものとして取り扱うことも明示的に可能になりました（民906の2）。

　さらに、債務については、後述❸のとおり、可分債務は当然に相続分に従って分割されるものであり、かつ、債権者の利益の問題があるため、原則として遺産分割の対象財産に含まれません。

　もとより、分割済みの財産は、遺産分割の対象となりません。

　以上により、①相続開始時に被相続人が所有し、遺産分割時にも存在する②積極財産で、③未分割のものが遺産分割の対象財産となります。

　例えば、受取人が指定されている生命保険金請求権[1]、法律、条例等の

退職金規定により支給を受ける遺族が定められた死亡退職金[2]、遺族年金等[3]などは、受取人固有の財産として、①の要件を満たさず、遺産分割対象財産とはなりません。

　また、相続開始後に遺産分割の対象である賃貸不動産を使用管理した結果生ずる金銭債権たる賃料債権については、「遺産とは別個の財産というべきであって、各共同相続人がその相続分に応じて分割単独債権として確定的に取得するものと解するのが相当である。…（中略）…上記賃料債権の帰属はのちにされた遺産分割の影響を受けないものというべき」[4]とされ、要するに相続開始時に被相続人に帰属していた財産ではなく、やはり、①の観点から、遺産分割対象財産とはなりません。

❷ 預貯金債権の取扱い

　可分債権は、各相続人が法定相続分に応じて債権を承継するところ（民896、899）、預貯金債権も、従前は可分債権として取り扱い、相続開始と同時に当然に各相続分に応じて分割され、相続人全員が合意しない限りは遺産分割対象財産とはならないと解されていました。

　しかし、判例[5]は、普通預金債権、通常貯金債権につき、「上記各債権は、口座において管理されており、預貯金契約上の地位を準共有する共同相続人が全員で預貯金契約を解約しない限り、同一性を保持しながら常にその残高が変動し得るものとして存在し、各共同相続人に各定額の債権として分割されることはないと解される」、定額貯金債権、定期預金及び定

1　養老保険の被保険者死亡の場合の保険金請求権につき、最高裁昭和40年2月2日判決
2　最高裁昭和55年11月27日判決、最高裁昭和58年10月14日判決、最高裁昭和60年1月31日判決
3　大阪家裁昭和59年4月11日審判
4　最高裁平成17年9月8日判決
5　最高裁平成28年12月19日決定

期積金につき、「契約上その分割払戻が制限され…（中略）…預入期間内に
は払戻しをしないという条件と共に定期貯金の利率が高いことの前提と
なっており…（中略）…定期貯金契約の要素というべきである。しかるに、
定期貯金債権が相続により分割されると解すると、それに応じた利子を含
めた債権額の計算が必要になる事態を生じかねず、定期貯金に係る事務の
定型化、簡素化を図るという趣旨に反する」として、いわゆる預貯金債権
が遺産分割対象財産であると判示しました。

③ 債務の取扱い

　債務者が死亡し、相続人が数人ある場合に、被相続人の金銭債務その他
の可分債務は、法律上当然分割され、各共同相続人がその相続分に応じて
これを承継します[6]。
　また、連帯債務者の一人が死亡した場合においても、その相続人らは、
被相続人の債務の分割されたものを承継し、各自その承継した範囲におい
て、その債務者とともに連帯債務者となります[7]。
　もともと、債務については、債権者が存在します。そして、債務者が誰
であるかは、債権者にとってその利益に大きく影響することから、債務者
たるべき相続人間の合意＝協議のみにより、自由に特定の相続人だけを債
務者にすることはできません。
　このため、債務については、遺産分割の対象ではないと解されます。
もっとも、相続人間の内部の合意として、特定の相続人が債務をすべて弁
済する義務を負う代わりに積極財産を余分に取得するという合意を行うこ
とは支障がない（債権者は、この相続人間の合意にかかわらず、必要に応じて法定

6　最高裁平成21年3月24日判決参照
7　最高裁昭和34年6月19日判決

の割合で請求できる）ため、遺産分割協議及び調停の段階では、相続人間の合意により債務を分割対象に含めることができるものと解されています。

④ 葬儀費用の取扱い

　葬儀費用の負担者については、①葬儀業者との契約当事者であるから当該相続人の債務であること、香典も取得することを理由に喪主負担とする説、②被相続人の意向であるといえることなどを理由に相続財産から支出するとする説、③相続財産から各相続人が取得する相続分との整合性から、相続人全員で法定相続分に応じて負担するとする説、④慣習や条理によって決めるとする説等があります。いずれも各葬儀を執り行うに至る経緯、葬儀費用額等個別具体的な事情により、裁判例の判示が異なります。
　一般的には、①の取扱いが有力なものとされています。遺産分割調停においては、裁判所は喪主負担説か否かを明示することなく、葬儀費用の発生時期が相続開始後であることを理由に、当事者が分割対象とすることに合意しない限り、調停対象外であるものとし、調停外の民事訴訟によって解決するよう促される場合が多いものと思われます。

⑤ 遺産分割審判の対象財産

　遺産分割当事者全員の合意があれば、遺産分割協議・調停において、遺産分割対象財産以外の債務や葬儀費用等の財産を遺産分割対象財産とすることは可能です。
　しかし、審判となった場合は、当事者の合意があっても、債務や葬儀費用、遺産管理費用を分割対象とすることはできません。

POINT

　相続人全員の合意ができず、審判となる場合は、遺産分割審判対象となる財産が限られることになりますので、紛争の一回的解決が見込めない場合が多くなることに注意が必要です。

Q23　遺産分割の方法

相続人は長男と次男の2人です。土地が遺産である場合には、土地を真ん中で2分割して分けるのですか。

A　遺産分割の方法には、現物分割、代償分割、換価分割、共有分割といった方法があります。どの分割方法を選ぶかについては、財産の内容、性質や、各相続人の希望に応じて、適切な分割方法を協議する必要があります。本問では、土地の大きさ、接道状況により現物分割が可能な場合もありますが、特に都市部においては代償分割か換価分割の方法が一般的と考えられます。

❶ 現物分割

　現物分割とは、個々の財産の形状や性質を変更しないで、そのまま相続人に分割する方法です。質問内容にあったように、土地を真ん中で2分割して分けるといった方法が該当します。従前、預貯金は、当然分割されるため遺産分割の対象にならないとされてきましたが、判例[1]は、預貯金も遺産分割の対象とする旨判断を変更しました。

　現金や預貯金といった財産の場合には、金額がわかりやすく、この方法がよく選択されます。これに対し、不動産については、これが複数ある場合には不動産ごとに取得したり、不動産が1個しかなくとも不動産以外の財産が相応にあれば不動産と他の財産を分け合ったりすることも可能で

1　最高裁平成28年12月19日決定

すが（なお、各不動産や不動産と他の財産の差額は、それ以外の財産や代償分割を組み合わせて代償金により取得額を均衡させることになる）、1棟の建物であれば通常は分割できませんし、単一の土地であれば分割すると面積が小さくなり利用に適さなくなったり、接道の問題が生じたりするほか、分筆して分割することになるため、登記に必要な測量等の手続きを行わなければなりません。

② 代償分割

　代償分割とは、一部の相続人に、法定相続分を超える財産を取得させたうえ、他の相続人に対し、超過部分について代償金を支払う分割方法です。現物分割を行うことが適切でない場合（分割が物理的に不可能な場合や分割してしまうと経済的価値が低下してしまうような場合、特定の相続人がすでに当該物件に居住しているなどして、利用状況を保護する必要がある場合等）や現物分割に伴う端数調整などに用いられます。また、預貯金などの場合であっても、個別の相続人が預金の解約手続を行うことが煩雑であるような場合には、相続人の一人がすべてを取得したうえで、他の相続人に代償金を支払う形式がよくとられます。

　ただし、不動産等の財産の場合、これを取得する相続人は、他の相続人に対して代償金を支払う原資となる財産が必要になる（資力の問題）ほか、当該財産の評価額（遺産の評価）をめぐって争いになることがあります。

③ 換価分割

　換価分割とは、遺産を売却（換価）し、その売却代金を分割する方法です。相続人が誰も取得を希望しない場合や、代償分割の代償金の支払原資を用立てることができない場合にとられる方法です。審判では、現物分割

や代償分割ができない場合に換価分割が選択されます。

（1）任意売却による換価

　相続人間の協議又は調停によって、相続人全員が合意して、任意売却を行って、売却代金から仲介手数料や登記費用等の諸費用を控除した残代金を相続人で分配することになります。

　売却方法、最低売却価格、売買代金から控除する費用の項目など、具体的な条件を取り決めておくと、その後の手続きがスムーズです。

（2）競売権限を付与した分割

　一般的に、任意売却によったほうが売却価格は高額になりますが、相続人間の希望がととのわないなどの理由で、任意売却が不奏功となることも考えられます。調停では、競売権限を付与する条項をつければ、強制的に売却手続に移すことも可能です。

4 共有分割

　共有分割とは、遺産の一部又は全部を具体的相続分に応じて共有する方法です。遺産分割後も共有関係が継続することになるため、共有関係を解消するためには、別途の手続き（共有物分割請求〔民256〕、共有物分割訴訟〔民法258①〕）が必要になります。

POINT

1　遺産分割の方法には、現物分割、代償分割、換価分割、共有分割といった方法があります。
2　いずれの分割方法にも特徴があるので、どの分割方法をとることが適切か、遺産の内容、各相続人の希望に応じて検討する必要があります。

Q24　生前及び相続開始後の使い込み

（1）生前に兄が父の財産を使い込んでいました。これは遺産分割協議ではどのように扱われますか。【生前の使い込み】

（2）相続開始後に兄が父の遺産である預金を払い戻して使ってしまいました。遺産分割協議ではどのように扱われますか。【相続開始後の使い込み】

A　（1）相続人による生前の使い込みが判明した場合、使い込んだ相続人に対する不当利得返還請求権（民703、704）又は不法行為に基づく損害賠償請求権（民709）が成立し、各相続人は、これを法定相続分で取得することになります。

（2）相続開始後、遺産分割前に一部の共同相続人により遺産に属する財産が処分された場合には、不当利得返還請求や不法行為に基づく損害賠償請求のほか、使い込んだ相続人以外の相続人全員の同意があれば、処分された財産が遺産の分割時に遺産として存在するものとみなして、遺産分割を行うことができます（民906の2②）。

1 生前の使い込みについて

　生前に相続人の一部による預金の使い込みがあった場合、被相続人は当該相続人に対する不当利得返還請求権（民703、704）又は不法行為に基づく損害賠償請求権（民709）を有することになります。

　各相続人は、被相続人から、法定相続分で当該債権を相続することとなります。ただし、被相続人の口座からの使い込みに争いがないのであれ

ば、使い込んだ相続人の預り金として遺産に計上して、遺産分割協議ない
し調停で清算するという方法もあります。

❷ 相続開始後の使い込みについて

　相続開始後、遺産分割前に相続人の一人又は数人が相続財産を処分した
場合、当該相続人以外の相続人の同意があれば、分割時に当該財産が遺産
として存在するものとみなすことができます（民906の2②）。

　本来、遺産分割の対象財産は、分割時に現存することが必要なところ、
使い込まれた財産は分割時に存在しないため、遺産分割の対象になりませ
ん。もっとも、平成30年の相続法改正前においても、共同相続人全員の
同意があれば、解約した相続人の預り金などとして、遺産分割の対象にす
ることができました。しかし、相続人のうち、使い込んだ本人が同意しな
かったり、解約金額のうち私的に利得した金額について争いがあれば、遺
産分割の対象から外れてしまいます。この場合、法定相続分に応じて不当
利得返還請求権ないし不法行為に基づく損害賠償請求権が当然に分割され
ることから、遺産分割であれば財産を取得できない超過特別受益者（特別
受益〔民903①〕を受けているため、具体的相続分がゼロとなる相続人）にも法定
相続分により請求権が帰属し、超過特別受益者を利する結果になるため、
改正後の相続法では、民法906条の2でみなし遺産制度を設けました。

　この適用があると、預金を解約した相続人の同意を得ることなく、遺産
分割の対象とすることができます。

　なお、相続開始後の使い込みについても、相続開始前の使い込みと同
様、他の相続人より不当利得返還請求ないし不法行為に基づく損害賠償請
求ができます。ただし、遺産分割外でこれらの請求を行う場合には、遺産
分割の対象とすることの同意（民906の2①）をしないものと解されるの
で、みなし遺産制度の適用はなくなります。

POINT

1　生前の使い込みについては、被相続人の不当利得返還請求ない
し不法行為に基づく損害賠償請求権を相続する形で請求します。
2　相続開始後の使い込みについては、不法行為又は不当利得のほ
か、みなし遺産の制度があります。

Q25 相続開始後の遺産の譲渡

父が亡くなりました。相続人は長男と次男です。相続財産は土地1億円、預金3,000万円です。遺産分割前に、相続財産である土地を共同で第三者に譲渡して5,000万円ずつを受け取り、納税資金としました。兄は、父の生前に5,000万円の贈与（特別受益）を受けています。遺産分割はどのように行うのでしょうか。

A 共同相続人が全員の合意によって遺産分割前に遺産を構成する特定の不動産を第三者に売却したときは、その不動産は遺産分割の対象から逸出し、特に合意がない限り、各相続人は第三者に対し持分に応じた代金債権を取得することになります。

本問では、長男、次男は、第三者に対して、各5,000万円ずつの不動産売買代金債権を取得しますが、当該不動産は遺産分割の対象となる財産から逸出します。遺産分割の対象となる財産としては、預金3,000万円のみとなります。

長男は5,000万円の特別受益を受けており、売却代金と併せて具体的相続分を超え、超過特別受益者となるため、それ以上の財産を取得しません。しかし、分割対象の財産は預金のみとなるため、次男は、これをすべて取得しても、売却をしなかった場合と比べて遺産の最終取得額が少なくなってしまいます。

次男としては、不動産売却時に、売買代金を遺産分割の対象に含める旨の合意をするなどの注意が必要になります。

① 遺産分割前の財産処分について

　遺産分割の対象となる財産は、原則として、分割の時に現存する財産となります。そのため、遺産分割の前に処分した財産については、原則として、遺産分割の対象となる財産に該当しません（Q22参照）。

　本問のように、相続開始時には不動産として存在していたものの、売却して、分割時には相続財産から逸出していた場合に、その代金債権などはどのように扱われるかが問題になります。

② 判　例

　判例[1]は、共同相続人が全員の合意によって遺産分割前に遺産を構成する特定不動産を第三者に売却したときは、その不動産は遺産分割の対象から逸出し、各相続人は第三者に対し持分に応じた代金債権を取得し、これを個々に請求することができると判断しました。

　したがって、各相続人は、各々売買代金債権を取得するので、当該代金債権は遺産分割の対象にはなりません。

　ただし、判例[2]も、売却代金を一括して共同相続人の一人に保管させて遺産分割の対象に含めるなどの合意をすること自体は否定していませんので、不動産の売買代金を含めて遺産の清算を行いたいと考える場合には、このような合意をする必要があります。

1　最高裁昭和52年9月19日判決
2　最高裁昭和54年2月22日判決

❸ 本問の検討

（1）売買代金を遺産分割の対象財産とする合意がなかった場合

　本問においては、特に合意がなされていないので、不動産及びその売買代金債権は、遺産から逸出し、分割対象財産にはなりません。そうすると、原則として、それぞれの取得額は以下のように計算されます。

　　相続開始時の遺産：１億円（土地）、3,000万円（預貯金）
　　特別受益：長男に対する生前贈与（5,000万円）

　長男と次男の具体的相続分は、以下のとおりです。具体的相続分は、遺産分割の基準となる割合を算定するための数値です。

　　長男…（１億3,000万円＋5,000万円）× ２分の１ －5,000万円
　　　　　＝4,000万円
　　次男…（１億3,000万円＋5,000万円）× ２分の１
　　　　　＝9,000万円

　この場合の取得額は以下のとおりとなります。具体的相続分は合計１億3,000万円ですが、土地は売却により遺産から逸出しているため、遺産分割時の分割対象財産は3,000万円の預金しかありません。これを、双方の具体的相続分に比例して分配することになります。

　　長男…3,000万円×4,000万円÷（4,000万円＋9,000万円）
　　　　　＝約923万円
　　次男…3,000万円×9,000万円÷（4,000万円＋9,000万円）
　　　　　＝約2,077万円

　特別受益及び売却代金を含めたトータルの取得金額は、以下のようになり、両者の差額は大きくなります。

長男…5,000万円（特別受益）＋5,000万円（売買代金）＋923万円（分割による遺産）

　　　＝１億923万円

次男…5,000万円（売買代金）＋2,077万円（分割による遺産）

　　　＝7,077万円

　仮に共同売却により取得した代金を一種の特別受益（相続させる遺言による取得財産と同様の遺産分割により取得した財産）と扱う解釈を採用したとしても、その場合、具体的相続分は以下のようになります。

長男…（１億3,000万円＋5,000万円）×２分の１－（5,000万円＋5,000万円）

　　　＝－1,000万円

次男…（１億3,000万円＋5,000万円）×２分の１－5,000万円

　　　＝4,000万円

　取得財産は、預貯金3,000万円しか残っていないので、以下のようになります。

長男…０円

次男…3,000万円

　この場合、次男は相続財産である預金3,000万円を取得します。しかし、長男は、本来の相続分（9,000万円）を超える１億円の特別受益を得ていますが、超過分の1,000万円を次男に返還する義務を負いません（民903②）。

　そうすると、民法906条の２第２項（みなし遺産制度。Q24参照）の適用の可否が問題となります。

　この点、同条２項は一部の相続人が他の相続人の同意なく処分した場合を想定しているのに対し、本件は相続人全員の合意による共同売却であるため、同項が典型的に想定しているケースではありません。この場合、まだ裁判例があるわけではありませんが、同項の適用対象外と解されてい

ます[3]。

　もっとも、長男の同意を得た場合には売買代金を分割対象財産とすることができますが（民906の2①）、長男が反対した場合には両者の取得額の不公平を是正する方策はないことになります。

（2）売買代金を遺産分割の対象財産とする合意があった場合

　上記（1）に対し、仮に、共同売却の時点で売買代金を遺産分割の対象財産とする合意があった場合には、以下のとおりとなります。

　　遺産：1億3,000万円（不動産代金相当額＋預貯金）
　　長男に対する生前贈与：5,000万円

　売買代金を2分の1ずつ取得しているので、以下のように分割されます。

　　長男が4,000万円を取得する。
　　→長男はいわば保管しているはずの代金のうち、1,000万円を次男に
　　　支払う。
　　次男が9,000万円を取得する。

　民法906条の2第1項の同意があった場合も同様の結果となります。

POINT
1　遺産分割前に処分した財産については、遺産分割の対象から外れてしまいます。 2　遺産分割前に財産を処分する場合には、処分代金を分割対象財産として扱うことの合意をするなどの注意が必要になります。

3　潮見佳男編『新注釈民法（19）』（有斐閣）354頁

Q26　遺産分割の解除

（1）遺産分割協議が成立し、兄が私に代償金を払うことになっていますが、いつになっても払わないので、分割協議を解除したいと考えています。どのようにしたらよいでしょうか。【遺産分割協議の解除】

（2）遺産分割協議を行ったのですが、兄に実家を取得させるより、弟が取得すべきであったので、やり直したいと考えています。どのようにしたらよいでしょうか。【遺産分割協議の合意解除】

A　（1）遺産分割が有効に成立すると、当該分割内容の中で合意した債務について、相続人の一人が履行しなかったとしても、債務不履行を理由に解除することはできません。

（2）遺産分割が成立すると、再度遺産分割を行うことは原則としてできませんが、相続人の全員がすでに成立した遺産分割協議を合意により解除することは可能です。合意解除した後は、相続人全員の合意によって再度協議を行うことができます。

1 遺産分割協議の解除について

　遺産分割の内容として、相続人の一人が不動産を取得し、他の相続人に対する代償金の支払いを約するというケースはよくあります。しかしながら、支払義務を負った相続人がその義務を履行しない場合、他の相続人はどのような手段をとることができるのか、問題となります。

　この点、判例[1]は、相続人の一人が遺産分割協議において負担した債務を履行しないときでも、他の相続人は債務不履行を理由に解除（法定解除）

をすることはできない旨判断しています。遺産分割協議は、遺産の帰属を決定し、債権債務を発生させる効果が生じることで完結する性質のものであると解されているためですが、実質的には、協議の債務不履行解除が認められると法律関係が不安定になり適当ではないためと考えられます。

したがって、相続人の一人が遺産分割協議で定めた債務を任意に履行しない場合、別途民事訴訟を提起し、債務名義を得て強制執行を行うほかありません。

❷ 遺産分割協議の合意解除

合意解除について、判例[2]は、共同相続人の全員が、すでに成立した遺産分割協議を合意して解除することを認めています。

したがって、相続人の全員の合意があれば、遺産分割を解除したうえで、再度遺産分割協議を行うことは可能です。

ただし、すでに成立した遺産分割に基づき、遺産を取得した相続人が、第三者に遺産を譲渡してしまったような場合には、再度遺産分割協議を行った場合、第三者との関係について対抗要件を要すると解されます[3]。

また遺産分割協議を合意解除した場合には、税務上は一旦成立した遺産分割協議によって確定した財産の帰属や権利義務を、新たな合意により移転するものとして、贈与税や所得税が別途課税される可能性が高いものと思われ、十分な注意が必要です。

1　最高裁平成元年2月9日判決
2　最高裁平成2年9月27日判決
3　最高裁昭和33年6月14日判決参照。ただし、売買契約の合意解約に関する事案

❸ 約定解除権の留保及び解除条件について

　上記❶のとおり、有効に成立した遺産分割協議は、債務不履行があった
場合でも法定解除はできませんが、上記❷のとおり、相続人全員の合意に
より解除することができます。それでは、当初の遺産分割協議の内容に予
め解除権を留保する条項や、一定の条件が成就した場合に効果を消滅させ
る解除条件を定めることはできるでしょうか。

　この点について、裁判例には、遺産分割において解除条件を定めた合意
を有効であると解することを前提とするものがありました[4]。ただし、こ
れらの裁判例は、いずれも解除条件が付されていなかったと認定した事例
でした。

　東京地裁平成25年10月3日判決は、遺産分割協議に解除条件が付され
ていたことを認めたうえで、「共同相続人全員の合意によって了承されて
いる以上これを否定すべきでないのは平成2年最判（筆者注：最高裁平成2
年9月27日判決）と同様であるとしても、その一方で、たとえ共同相続人
間で一定の解除条件を協議中に設けたとしても、法的安定性の確保のため
には、そこに設定される条件は一義的で明確であることが必須であり、か
つ、解除条件として定めた要件に合致する事態が生じたとしても、その時
点ですでに対外的に第三者との間に利害関係が発生している場合には、民
法545条1項但書、909条但書などの趣旨から、当該第三者の利益を害し
てはならないとみるべきである」と判断し、最終的に当該事案の被告との
間で遺産分割協議の失効を認めました。

　以上のように、約定解除権の留保及び解除条件の付加については、一
応、可能であるものと考えられますが、このような約定を付する場合に

4　東京高裁昭和52年8月17日決定、東京地裁平成24年3月29日判決、東京地裁平成29年4月25
　日判決等

は、解除事由や解除条件の内容については、明確にする必要があると解されます。

POINT

1　一旦成立した遺産分割協議は、債務不履行があっても、一方が解除することはできません。
2　相続人全員の合意があれば、遺産分割協議を合意解除し、協議をやり直すことができます。

Q27 代襲相続と特別受益

（1）父が亡くなった後、祖父が亡くなり、祖父の相続で私が代襲相続人に
なりました。生前父が祖父から1,000万円の贈与を受けていましたが、
私の相続分に影響はありますか。

（2）父が亡くなった後、祖父が亡くなり、祖父の相続で私が代襲相続人に
なりました。父も祖父も存命中に、私が祖父から1,000万円の贈与を
受けていましたが、私の相続分に影響はありますか。

A　（1）見解は分かれていますが、特別受益が認められる可能性が
高いものと考えられます。

（2）こちらも見解は分かれていますが、代襲原因が発生する前に得た代襲
者の特別受益は、持戻しの対象とならないと解する裁判例や審判例があり
ます。したがって、この見解に立てば、相続分に影響はありません。

❶ 特別受益と代襲相続について

　祖父（祖母）―父（母）―子という関係において、祖父が生前に父（祖父
から見ると子）や子（祖父から見ると孫）に生前贈与をし、父→祖父の順番に
亡くなった場合、祖父の相続で孫が代襲相続することになりますが、この
場合の特別受益をどう取り扱うかが問題となります。ここでは、祖父の子
である父が受贈者となる場合と孫が受贈者となる場合でそれぞれ検討しま
す。

② 被代襲者（父）が受贈者の場合

　祖父（贈与者）が生前に父（受贈者）に贈与をした後、父→祖父の順番に亡くなった場合、孫が代襲相続人になるところ、自らが受け取ったわけではない父（受贈者）の生前贈与について、孫は特別受益者になるかが問題となります。

　特別受益者に該当するとする説、否定する説など、見解は分かれていますが、裁判例[1]は「特別受益の持戻しは共同相続人間の不均衡の調整を図る趣旨の制度であり、代襲相続（民法887条2項）も相続人間の公平の観点から死亡した被代襲者の子らの順位を引き上げる制度であって、代襲相続人に、被代襲者が生存していれば受けることができなかった利益を与える必要はないこと、被代襲者に特別受益がある場合にはその子等である代襲相続人もその利益を享受しているのが通常であること等を考慮すると、被代襲者についての特別受益は、その後に被代襲者が死亡したことによって代襲相続人となった者との関係でも特別受益に当たるというべきである」として肯定しています。これに対して、審判例[2]は、代襲相続人が現実に経済的利益を受けている場合に限り特別受益者に該当する旨判断しており、上記裁判例よりやや限定的な理解に立つものと考えられます。

　以上によれば、特別受益を受けていた父の地位を承継した孫は、少なくとも特別受益により父の相続財産が増加しているといえる場合には、特別受益者に該当するものと考えられます。

1　福岡高裁平成29年5月18日判決
2　徳島家裁昭和52年3月14日審判

❸ 代襲相続人が受贈者の場合

　次に、上記❷と異なり、祖父（贈与者）が父の生前に、父ではなく孫（受贈者）に贈与をした場合を考えます。祖父が孫に贈与をした後、父→祖父の順番に亡くなった場合、孫が祖父の相続において代襲相続人になるところ、孫が贈与を受けた時点では、孫は祖父の相続人の資格を有してはいない（推定相続人ではなかった）ことから、孫は特別受益者になるかが問題になります。

　特別受益者に該当するとする説と否定する説とに見解は分かれていますが、上記❷の裁判例は「相続人でない者が、被相続人から直接贈与を受け、その後、被代襲者の死亡によって代襲相続人の地位を取得したとしても、上記贈与が実質的に相続人に対する遺産の前渡しに当たるなどの特段の事情がない限り、他の共同相続人は、被代襲者の死亡という偶然の事情がなければ、上記贈与が特別受益であると主張することはできなかったのであるから、上記贈与を代襲相続人の特別受益として、共同相続人に被代襲者が生存していれば受けることができなかった利益を与える必要はない。また、被相続人が、他の共同相続人の子らにも同様の贈与を行っていた場合には、代襲相続人と他の共同相続人との間で不均衡を生じることにもなりかねない。したがって、相続人でない者が、被相続人から贈与を受けた後に、被代襲者の死亡によって代襲相続人としての地位を取得したとしても、その贈与が実質的には被代襲者に対する遺産の前渡しに当たるなどの特段の事情がない限り、代襲相続人の特別受益には当たらないというべきである」と判断しています。同様に審判例[3]も、代襲相続人について民法第903条を適用して特別受益分の持戻しを行うのは、当該代襲相続人が代襲により推定相続人となった後に被相続人から直接特別な利益を得た

3　大分家裁昭和49年5月14日審判

場合に限ると解すべきであるとして、特別受益者には該当しないと判断しています。

　したがって、これらの見解に立てば、相続人の資格を有していない時に財産を譲り受けた孫は、特別受益者に該当しません。

POINT

1　代襲相続の際、被代襲者が被相続人の生前に特別受益を受けていた場合、少なくとも代襲相続人が利益を受けているときには、代襲相続人の特別受益として計上されます。
2　被代襲者が死亡する前に、代襲相続人が贈与を受けていた場合でも、代襲相続人は特別受益者には当たらないと解されます。

第 **3** 章

配偶者居住権

本章では、平成30年の相続法改正で新たに創設された配偶者居住権について解説します。

配偶者居住権や配偶者短期居住権がどのような場合に成立し、どのような効力を有するのか、遺産分割においてどのように評価されるのかといった点を中心に取り上げます。

創設されたばかりの制度ですので、裁判例等はまだ見当たりませんが、注意すべきポイントを確認します。

Q28　配偶者居住権

夫が亡くなりました。遺産は、同居していた不動産のみです。夫には前妻の子がおり、その子は、不動産しか分割する財産がないのであれば、売却してその代金を分割しようと言っています。配偶者居住権という権利が創設されたと聞いておりますが、不動産を売却しても居住し続けることができるのでしょうか。

A 　配偶者居住権とは、配偶者の居住権を保護するために特別に認められた権利です。遺言や遺産分割の際に、配偶者居住権を設定すれば、配偶者のために、低廉な価格での居住権を確保することができます。

　ただし、配偶者居住権設定登記をしていなければ、第三者（不動産の買受人など）に対抗することはできませんので、不動産が売却される場合には注意が必要です。

1 配偶者居住権の概要

　配偶者居住権とは、夫婦の一方が亡くなったときに、残された配偶者の居住権を保護するため、令和2年4月1日以降に発生した相続から新たに認められた権利です。

　建物の価値を「所有権」と「居住権」に分け、残された配偶者は、建物の所有権を相続しなくとも、一定の要件のもとで、居住権を取得することで、被相続人が所有していた建物に引き続き居住し続けることができます。

　本問のように、居住している不動産しか相続財産がない事例の場合、配

偶者が引き続き居住するためには、居住不動産を相続する必要があるところ、不動産の所有権を相続すると、他の相続人（前妻の子）に対して不動産の評価に見合った代償金の支払いをする必要が生じ、配偶者に原資がないと、結局、居住不動産を売却せざるを得なくなってしまいます。

　そのような場合に、配偶者居住権を設定することで、配偶者の居住及びその後の生活資金を一定程度確保することができます。

　なお、配偶者居住権は、建物についてのみ認められる制度で、土地については認められません。

2 配偶者居住権の成立要件（民1028①、1029）

　配偶者居住権は、以下の３つの要件をすべて満たす場合に成立します。
① 残された配偶者が、被相続人の法律上の配偶者であること
② 居住建物が被相続人の単独所有又は配偶者と２人の共有に係るものであって、被相続人が亡くなった時に、配偶者が当該建物に居住していたこと
③ 居住建物について、配偶者居住権を取得させる旨の遺産分割、遺贈（死因贈与を含むと解されている。民554参照）、家庭裁判所の審判のいずれかがなされたこと

3 配偶者居住権の存続期間（民1030）

　配偶者居住権の存続期間は、原則として、配偶者の終身の間、存続します。ただし、配偶者居住権の設定時に、存続期間（例：５年や10年など）を定めることも可能です。

　期間を定めた場合には、その延長や更新をすることはできません。

❹ 配偶者居住権の効力

（1）使用収益権（民1028①）

　配偶者は、配偶者居住権に基づき、無償で居住建物の全部を使用収益することができます。

　ここでいう「収益」とは居住建物を賃貸して利益を上げることなどいいますので、第三者への賃貸を行うこともできます。ただし、第三者に使用させるためには、所有者の承諾が必要です（民1032③）。

（2）用法遵守義務・善管注意義務（民1032①）

　配偶者は、従前の用法に従い、善良な管理者の注意をもって、居住建物の使用及び収益をしなければならないとされています。自宅兼店舗のような建物であれば、従前と同じように、店舗部分について営業の用に供することも可能です。

（3）譲渡禁止、無断での第三者の使用収益・増改築の禁止（民1032②③）

　配偶者居住権は譲渡することができません。また、建物所有者に買い取ってもらう権利（買取請求権）はありません。ただし、配偶者居住権を遺産分割協議、調停、遺贈、死因贈与契約によって設定した場合には、当事者の合意又は遺言において、所有者による買取りの条件や買取額の算定基準を定めることは可能であると解されています。

　また、第三者の使用収益や、増改築を行う場合には、所有者の承諾が必要です。

（4）修繕、費用負担について（民1033、1034）

　配偶者は、居住建物の修繕が必要な場合、自ら修繕することができます。通常の賃貸借契約とは異なり、所有者は修繕する義務を負わないとされています。

　通常の必要費（固定資産税など）については、配偶者が負担しますが、特別の必要費（例：地震等の災害で壊れた部分の修理等）については、所有者に

対して償還を請求することが可能です。

　有益費については、配偶者居住権の終了の時に、価値の増加が現存する場合に限り、配偶者から所有者に対し、償還請求することができます。

❺ 配偶者居住権の評価

　遺産分割協議の際の配偶者居住権の評価方法としては、相続人間の合意により定められるべきものです。制度が始まったばかりであるため、確立したものがあるわけではありませんが、配偶者居住権の評価方法について、いくつか提案がされています。

（1）公益社団法人鑑定士協会連合会の報告書が提案する方法

　正常な建物賃料相当額から必要費を控除し、年金現価率を乗じて、以下の計算式で示されます。

　　配偶者居住権の価額＝（建物賃料相当額－必要費）×年金現価率

（2）法制審議会民法（相続関係）部会の考え方[1]

　固定資産税評価額（ないし時価・鑑定評価額）をもとにした居住建物及びその敷地の現在価額から配偶者居住権の負担付きの建物・敷地の各所有権の価額（配偶者居住権の負担が消滅した時点の建物・敷地の価値を算定したうえで、これを現在価値に引き直したもの）を差し引いた額とする方法です。

1　法制審議会民法（相続関係）部会「資料19-2」

【建物の配偶者居住権の負担付所有権の価額】……①
　　＝固定資産税評価額×｛法定耐用年数－（経過年数＋配偶者居住権の存
　　　続年数）｝÷（法定耐用年数－経過年数）×ライプニッツ係数
　（注1）ライプニッツ係数は存続期間満了時の将来の価額を現在価格に評価し直
　　　　すための係数です。
　（注2）ただし、価額がマイナスになるときは0円とします。
【敷地の配偶者居住権の負担付所有権の価額】……②
　　＝固定資産税評価額又は時価×ライプニッツ係数
【配偶者居住権の評価額】
　　＝建物及び敷地の固定資産税評価額又は時価－（①＋②）

❻ 配偶者居住権の対抗力（民1031①、605の4）

　配偶者居住権は、これを登記したときは、居住建物について、物権を取得した者その他第三者に対して対抗することができます。そのほか、登記をすることによって、占有を妨害している第三者に対し、妨害排除の請求等を行うことができます。

❼ 配偶者居住権の消滅

　配偶者居住権が消滅する原因は以下のとおりです。
① 存続期間の満了（民1036、597）
② 配偶者の死亡（民1030本文）
③ 配偶者による権利放棄
④ 所有者からの消滅請求（民1032④）
　　配偶者が善管注意義務や用法遵守義務に違反した場合に、所有者は、相当な期間を定めた是正の催告後、期間内に是正されない場合

に消滅を請求することができます。

⑤ 居住建物の全部滅失（民1036、616の2）

POINT

1　配偶者居住権とは、一定の要件を満たす場合に、配偶者の居住の利益を確保する制度です。
2　配偶者居住権は、登記をすることによって、第三者に対抗することができます。

Q29 配偶者居住権の及ぶ範囲

配偶者が、1階が賃貸中の店舗、2階が被相続人と同居していた住宅の建物の配偶者居住権を取得しました。1階の店舗には配偶者居住権が及んでいるのですか。

A　配偶者居住権は、建物の全部について成立します。したがって、ご質問の1階の店舗部分のように、従前、配偶者が使用していなかった建物の一部についても、配偶者居住権が及びます。

1 配偶者居住権が及ぶ物理的範囲

配偶者居住権は、建物の全部について成立します（民1028①本文）。したがって、建物の一部に、配偶者が、居住の用に供していない部分があったとしても、建物全部について配偶者居住権の効力が及びます[1]。また、配偶者は、居住建物の使用収益に必要な範囲で、敷地を利用することができます。

配偶者居住権が建物の全部について成立することとなっている理由としては、配偶者居住権は登記をすることができるところ、建物の一部についての登記が技術的に困難であることが挙げられています。

ただし、二世帯住宅など、構造が独立しており、区分所有登記が設定されている場合には、居住部分の区分所有建物に限って配偶者居住権を設定することは可能です。

1　法制審議会民法（相続関係）部会「資料15」

② 配偶者居住権が及ぶ法律的範囲

　配偶者居住権は、居住建物の所有権全体について成立します。したがって、居住建物が被相続人と配偶者の共有であったとしても、配偶者居住権は、配偶者自身の持分の上にも成立することとなり、配偶者の所有権と混同により消滅することはありません。

　したがって、配偶者が自身の持分を売却しても、配偶者居住権を放棄しなければ、配偶者居住権に基づく使用権を確保することができます（ただし、配偶者居住権付きの建物とすると、必然的に価値は下がる）。

　なお、共有名義人に、第三者が含まれる場合には、そもそも配偶者居住権の成立要件を満たさない（民1028①但書）ので、注意が必要です。

③ 本問の検討

　本問では、１階部分についても配偶者居住権が及びますが、通常は、賃借人は過去に引渡しを受けて対抗要件を具備していることから（借借法31）、賃借人を退去させることはできません。

　賃料の帰属については、配偶者は賃借人に対して、配偶者居住権による使用収益権を対抗できないことから、賃貸人の地位は居住建物の所有者が承継し、同所有者が賃料を取得するとの考え方が示されています[2]。

2　堂薗幹一郎ほか『一問一答　新しい相続法〔第２版〕』（商事法務）16頁

POINT

1 配偶者居住権は建物の全部について成立し、建物の一部が賃貸されていても、その部分に及びますが、通常は退去を求めることはできません。
2 被相続人との共有であっても、建物の所有権全体について成立しますが、共有者に第三者がいる場合は、そもそも配偶者居住権が成立しません。

Q30 配偶者短期居住権

　夫が亡くなりました。遺産は、同居していた不動産のみです。夫には前妻の子がおり、その子が、「自分も相続人であるから、この家に住みたい。だから、出て行け」と言っています。私は出ていかなければならないのでしょうか。

A　夫婦の一方が死亡し、残された配偶者が被相続人の所有する建物に居住していた場合、残された配偶者は、被相続人の所有する建物に、引き続き一定期間、無償で住み続けることができます。これは、配偶者短期居住権と呼ばれる権利です（民1037①）。

1 配偶者短期居住権について

　被相続人が死亡し、共同相続が発生する場合、遺産分割までの間、被相続人所有の建物に居住していた配偶者が、ただちに住み慣れた建物を出ていかなければならないとすると、残された配偶者に、極めて大きな負担を課してしまうことになります。

　そこで、法は、一定期間ではあるものの、亡くなった人の所有する建物に居住していた配偶者が、引き続き、無償で建物に住み続けることができる権利として、配偶者短期居住権という権利を認めました。

　配偶者短期居住権は、被相続人の意思にかかわらず成立する使用貸借に類似する法定の債権です。

2 配偶者短期居住権の成立要件（民1037①）

① 被相続人の配偶者であること
② 相続開始の時に被相続人が所有する建物に無償で居住していたこと
③ ①②を満たしても、居住建物について、相続開始時に遺贈・死因贈
　与により配偶者居住権を取得した場合、相続欠格（民891）、廃除（民
　892、893）によって相続権を失ったときには、配偶者短期居住権を
　取得できません（民1037①但書）。

3 配偶者短期居住権の効力について

　配偶者短期居住権は、上記❷の要件を満たす場合には、被相続人の死亡
により当然に成立します。

　配偶者短期居住権は、居住用部分に限らず、配偶者が無償で使用してい
た部分について効力が及びます（民1037①。しかし、配偶者居住権と異なり、
無償使用していなかった部分を含めた建物全体に及ぶものではない）。

4 配偶者短期居住権の存続期間について（民1037①一、二）

　居住建物について、遺産分割をする場合においては、遺産分割により居
住建物の帰属が確定した日又は相続開始時から6か月を経過する日のい
ずれか遅い日までの間、配偶者短期居住権が認められます。

　居住建物が第三者に遺贈されるなどして、居住建物が遺産分割の対象に
ならない場合には、居住建物の所有権を取得した者が消滅の申し入れをし
た時から6か月が経過するまでの間、配偶者短期居住権が認められます。

⑤ 配偶者居住権との違い

　似たような制度として、配偶者居住権（民1028）がありますが、存続期間や消滅の規定以外にも、以下のような点に違いがあります。

① 配偶者居住権は遺産分割（協議、調停、審判を含む）、遺贈（死因贈与を含む）が必要ですが、配偶者短期居住権については、このよう事由は必要ありません。

② 配偶者居住権は、居住建物を収益の目的とすることもできますが、配偶者短期居住権では、居住による使用に限られ、居住建物から収益を得ることはできません。

③ 配偶者居住権は、一定の財産評価がされたうえ、具体的相続分の計算に影響を及ぼしますが、配偶者短期居住権は、遺産分割において、具体的相続分からその価値を控除する必要はありません。

⑥ 対抗力

　配偶者短期居住権は、使用借権に類似した権利なので、第三者に対する対抗力はありません。

POINT
1　一定の要件を満たした場合、配偶者短期居住権が成立し、配偶者は、一定期間、居住建物に住み続けることができます。 2　配偶者居住権と異なり、対抗力はありませんので、建物が譲渡された場合には占有権原を失います。

第4章

遺言等

被相続人は、その最終の意思を表すものとして、生前に遺言を残すことができます。しかし、せっかく遺言を作成しても、無効とされる場合や、思ったとおりの内容にならない場合があります。

本章では、そのような事態にならないよう、遺言の種類、効力、方式等について説明します。

また、遺言によっても、相続人に最低限保障される遺留分を奪うことはできません。遺留分侵害額請求がどのように認められるのかについても解説します。

Q31　遺言書の方式

遺言書はどのように作成しますか。

A　遺言書の作成方法には、法律上、普通方式の遺言（自筆証書遺言、公正証書遺言、秘密証書遺言）と特別方式の遺言（死亡危急時遺言、伝染病隔離者遺言、在船者遺言、船舶遭難者遺言）が認められています。

ここでは、普通方式の遺言について、説明します。

① 自筆証書遺言（民968）

自筆証書遺言とは、遺言者が遺言書の全文、日付及び氏名を自分で書き、押印して作成する遺言の方式です。

誰にも知られずに簡単に作成でき、費用もかかりませんが、方式の不備があると無効とされる危険性があるほか、偽造・変造される危険性や、遺言作成当時の遺言能力などについて争われる可能性があります。また、家庭裁判所による検認の手続きが必要になります（Q32参照）。

ただし、新たに自筆証書遺言を法務局で保管する制度が導入されました（法務局における遺言書の保管等に関する法律）。これを利用すると、自筆証書遺言の形式要件については法務局の保管時に一応確認されること、偽造・変造はできないこと、紛失のおそれがないこと、希望すれば遺言者の死亡確認後に通知がされるため遺言書が発見されない可能性を低減できること、検認の必要がないことなどのメリットがあり、自筆証書遺言のデメリットをある程度回避できます。

（1）方 式

　遺言書の全文を自筆で書かなければなりません。これは、筆跡により本人が書いたものであることを特定することができ、それ自体で遺言が遺言者の真意に出たものであることを保証することができるためです[1]。

　そのため、ワープロによるものは自書に当たりません。コピーしたものも、自書に当たらないと解されています。もっとも、現在はあまり使用されませんが、「カーボン紙を用いて複写の方法で記載したもの」は「自書の要件に欠けるところはない」と解されています[2]。

（2）自筆によらない財産目録の添付

　自筆証書遺言に相続財産の目録を添付する場合には、その目録については自書を要しません（民968②）。パソコン等を用いて作成することも可能ですし、不動産の登記事項証明書や預貯金通帳のコピーを目録として使用することも許されます。

　ただし、自筆によらない財産目録の「毎葉」には、署名押印が必要です（民968②）。押印は認め印でも可能です。

（3）自書能力（他人の添え手による補助を受けた自筆証書遺言）

　遺言者は、遺言時に遺言者自身が文字を知り、かつ、これを筆記する能力（自書能力）を有しなければなりません。

　判例[3]は、添え手をした他人の意思が介入した形跡のないことが筆跡のうえで判定できる場合には、「自書」の要件を満たし有効であるとしたうえで、手が震えて字が書けない遺言者に妻が手を添えて遺言書を作成した事案について、遺言者も手を動かしたにせよ、妻が積極的に遺言者の手を誘導し、妻の整然と字を書こうとする意思に基づき遺言書が作成されたも

1　最高裁昭和62年10月8日判決
2　最高裁平成5年10月19日判決
3　最高裁昭和62年10月8日判決

のであるとして、無効と判断しました。

（4）日付、氏名、押印

　日付は、複数の遺言の先後を決めるために重要な要素であり、年月日まで特定できるように記載しなければなりません。例えば、遺言者の「○歳の誕生日」は有効ですが、「○月吉日」といった記載は無効とされています[4]。

　氏名は、戸籍上の氏名を記載するのが一般的ですが、遺言者を特定できるのであれば、通称・雅号・ペンネームでも可能です。

　押印は、指印[5]や認め印でもよく、書面上にされていれば足ります。ただし、花押は押印の要件を満たしません[6]。

（5）加除訂正 （民968③）

　自筆証書遺言に加除・訂正を行うときは、遺言者がその場所を指示し、これを変更した旨を付記して、特にこれに署名し、変更場所に印を押さなければ、効力を有しません。

② 公正証書遺言 （民969）

　公正証書遺言とは、遺言者が遺言の内容を公証人に伝え、これを公証人が記載することにより遺言書を作成する方式です。公証人が遺言者の遺言能力について一応の確認を行い、方式を遵守し、遺言者の意思を反映した文言を決定するため、後に効力や遺言の意味について争われる危険性は低くなります。

4　最高裁昭和54年 5 月31日判決
5　最高裁平成元年 2 月16日判決
6　最高裁平成28年 6 月 3 日判決

（1）手続きの流れ

　①証人2人以上の立会いのもと、②遺言者が遺言書の趣旨を公証人に口頭で伝え、③公証人が遺言者の口述を筆記し、④これを遺言者及び証人に読み聞かせ又は閲覧させ、⑤遺言者及び証人は、筆記内容が正確なことを承認して、署名押印し、⑥公証人が方式に従って作成したことを付記し、署名押印します。

　なお、実際には、②③に関し、事前に公証人との間でやりとりを行って内容を確定させておき、当日は内容を確認するという流れが多いようです。

（2）原本の保管、相続人による検索

　公正証書遺言は、公証人が原本を保管するので、破棄、隠匿、紛失のおそれはありません。また、相続人の立場からしても、遺言検索システムを利用することにより、遺言の有無を簡単に確認することができます。

　また、家庭裁判所による検認も不要です。

❸ 秘密証書遺言（民970）

　秘密証書遺言とは、遺言者が遺言内容を秘密にした上で遺言書を作成し、公証人や証人の前に封印した遺言書を提出する方式の遺言です。内容については秘密のまま（＝公証人も確認しない）ですので、遺言証書が存在することだけを明らかにすることを目的としています。公証人の前で作成しますが、公正証書ではなく、家庭裁判所の検認手続が必要になります。

　自筆証書遺言と異なり、遺言者が遺言内容を自書する必要はなく、ワープロなどで作成したものでもよく、他人に書いてもらったものでも可能です。

　遺言者は、公証人及び証人の前に封書を提出して、自己の遺言書であることその筆者（現実に筆記した者をいい、必ずしも遺言者ではない）の住所、氏

名を申述します。公証人は、その証書を提出した日付及び遺言者の申述を
封紙に記載した後、遺言者及び証人とともにこれに署名し、印を押しま
す。

　もっとも、実務上は、公証人を利用する以上は公正証書遺言を用いるの
が通例で、秘密証書遺言はあまり用いられていないようです。

POINT

1　遺言の作成方式には、自筆証書遺言、公正証書遺言、秘密証書
　遺言があり、そのほか特別の方式として、死亡危急時者遺言、伝
　染病隔離者遺言、在船者遺言、船舶遭難者遺言がありますが、実
　際に用いられるのは、自筆証書遺言及び公正証書遺言がほとんど
　です。
2　自筆証書遺言は、方式が厳格に定められており、方式違反によ
　り、無効とされる可能性もあります。
3　公正証書遺言は、公証人の関与の下で作成するため、効力が争
　われる危険性が少なくなります。

Q32 遺言書の検認

遺言を発見したときはどうするのですか。検認を受けているので、その遺言は有効なものと確定したと思ってよいですか。

A 公正証書遺言以外の遺言の場合、遺言書の保管者又は遺言書を発見した相続人は、遺言者の死亡を知った後、遅滞なく遺言書を家庭裁判所に提出して、「検認」の手続きを経る必要があります。「検認」とは、遺言書の形状、加除訂正の状態、日付、署名など検認の日現在における遺言書の内容を明確にして、遺言書の偽造・変造を防止するための手続きであるため、遺言の有効・無効が判断されるわけではありません。

遺言の有効性が争われた場合、別途の手続きで確定する必要があります。

❶ 検認手続

「検認」とは、相続人に対し遺言の存在及びその内容を知らせるとともに、遺言書の形状、加除訂正の状態、日付、署名など検認の日現在における遺言書の内容を明確にして、遺言書の現状を保全し、偽造・変造を防止するための手続きです。したがって、検認手続を経たからといって、当該遺言書の有効性が確定するわけではありません[1]。逆に、検認手続を受けなかったり、遅滞なく検認手続を受けなかったりした場合にも、遺言が無効になるわけではありません[2]。

1 　大審院大正4年1月16日決定
2 　大審院昭和3年2月22日判決

　なお、公正証書遺言及び法務局に保管されている自筆証書遺言に関しては、検認手続を行う必要はありません（民1004②、遺言書保管法11）。

❷ 検認の申立て及び遺言書の保管

　遺言書の保管者又は遺言書を発見した相続人は、遺言者の死亡を知った後、遅滞なく遺言書を家庭裁判所に提出し、遺言書の検認申立てをしなければなりません（民1004①）。

　家庭裁判所は、検認期日を指定して、申立人及び相続人に通知しますが、相続人に出席の義務があるわけではなく、検認期日に相続人が来なかったからといって、検認手続が無効になるものではありません。

　遺言書は、特に家庭裁判所による保管が必要とされる場合を除き、検認期日まで保管者において引き続き保管することになります。

　検認期日では、相続人の立会いのもと、現状を保全するため、遺言書の方式に関する一切の事実を調査したうえ、裁判所書記官が、当該遺言書を複写して遺言書検認調書を作成します。検認を終えた遺言書は、申請により検認済証明をして提出者に返還されます。

❸ 遺言書の開封

　封印のある遺言書は、家庭裁判所での遺言書の開封が予定されており、特に秘密証書遺言は封印が成立要件となっているため、開封の手続きが必要になります。遺言書の開封にあたっては、家庭裁判所において、相続人又はその代理人の立会いが必要になります（民1004③）。

　開封手続も、検認手続と同様、遺言の効力には関係がありません。

④ 罰 則

遺言検認手続を経ずに遺言を執行し、又は家庭裁判所外で遺言を開封した場合には、5万円以下の過料に処せられます（民1005）。

⑤ 申立ての取下げ

遺言の検認申立ては、これを取り下げるためには、家庭裁判所の許可を経なければなりません（家審法212）。これは、遺言書の検認が法律上の義務とされているため、自由に取り下げることができるとすることは相当でないと考えられているためです。

POINT

1　自筆証書遺言を発見した場合、家庭裁判所による検認を経なければなりませんが、違反した場合に、それにより遺言が無効になるわけではありません。
2　封印のある遺言書については、家庭裁判所での開封が必要になります。違反した場合に、それにより遺言が無効になるわけではありません。

Q33　遺言能力

　父は昔に比べて物忘れがひどくなっています。遺言をすることはできますか。

> A　遺言をするには、遺言の内容を具体的に決定し、その法律効果を弁識するのに必要な判断能力（「遺言能力」という）が必要になります。遺言能力の判定は、一般的に明確な基準があるわけではなく、遺言者の状態と遺言の内容や難易度との関係で相対的に検討する必要があります。
> 　ただ、遺言は身分行為なので、一般の法律行為に求められる行為能力よりも低い程度の能力で足りると解されています。

1　遺言能力

　遺言能力とは、遺言内容を理解して、その遺言による法律効果を弁識することができるだけの意思能力のことをいいます。

　遺言は、あくまで身分行為であるため、取引上の行為において必要になる程度の判断能力＝行為能力までは必要ないものとされています。このことは、民法において、未成年者（満18歳に達するまで。民4）の法律行為については取り消すことができますが（民5②）、遺言については満15歳になれば有効に行うことができる（民961）ことにもあらわれています。

　遺言能力が争われるのは、遺言者の死後ですが、あくまで遺言能力の基準時は、遺言者が遺言を作成した時となります。

❷ 判定基準

遺言能力の判定にあたっては、一義的に明確な判定基準があるわけではなく、精神医学的観点（遺言者の能力の程度等）、遺言内容（遺言内容の複雑性の程度）及びその他の諸事情（遺言の動機、作成経緯、遺言者と受遺者の人的関係等）を総合的に考慮して判断することになります。

遺言能力とその有無についての判定要素については、裁判例[1]が、「遺言には、遺言者が遺言事項（遺言の内容）を具体的に決定し、その法律効果を弁識するのに必要な判断能力（意思能力）すなわち遺言能力が必要である。遺言能力の有無は、遺言の内容、遺言者の年齢、病状を含む心身の状況及び健康状態とその推移、発病時と遺言時との時間的関係、遺言時と死亡時との時間的間隔、遺言時とその前後の言動及び精神状態、日頃の遺言についての意向、遺言者と受遺者の関係、前の遺言の有無、前の遺言を変更する動機・事情の有無等遺言者の状況を総合的に見て、遺言の時点で遺言事項（遺言の内容）を判断する能力があったか否かによって判定すべきである」と判示しています。

❸ 成年被後見人の遺言について

上記❶のとおり、遺言をするにあたって、取引上の行為において必要になる行為能力までは求められていません。

成年被後見人は、「事理弁識能力を欠く常況」となったために、本人及び取引相手の権利の保護など目的として後見開始の審判を受けた者です（民７）。したがって、成年被後見人は常に事理弁識能力を欠くものとして、原則、その法律行為は常に取り消すことができます（民９本文）。しか

1　東京地裁平成16年７月７日判決

し、遺言については、原則として行うことはできないものの、一時的に事理弁識能力が回復した場合には、医師2人以上の立会いの下、行うことができます（民973）。

❹ 遺言能力を争う手続き

　遺言者の遺言能力を争う場合、管轄の地方裁判所に対し、遺言無効確認訴訟を提起することになります。調停前置（調停手続を経て、調停が不調になって初めて訴訟を提起できることとする制度）の適用があるので（家手法257①、244）、訴訟前に遺言無効確認調停を行う必要がありますが、身分関係事件とは異なるので、遺言無効の確認を求める場合には、調停を経ずに訴訟を起こしても敢えて調停に付されることはあまりないようです（家手法257②但書）。

POINT
1　遺言能力は、明確な判定基準があるわけではなく、個別に遺言事項を具体的に決定し、その法律効果を弁識するのに必要な判断能力があったか否かを検討します。
2　遺言能力の有無が争われた場合、遺言の内容、遺言者の年齢、健康状態とその推移、発病時と遺言時及び遺言時と死亡時との時間的間隔、遺言時とその前後の言動及び精神状態、日頃の遺言についての意向、遺言者と受遺者の関係、前の遺言の有無、前の遺言を変更する動機・事情の有無などを総合的に考慮します。

Q34 相続させる遺言、特定財産承継遺言

相続させる遺言というのはどのようなものですか。遺贈とは何が違うの
ですか。

A 特定の財産を特定の相続人に相続させる遺言とは、原則として、
当該遺産を当該相続人に単独で相続させる遺産分割の方法が指定
されたものと解すべきとされています（民1014②）。ただし、遺言書の記載
から、その趣旨が遺贈であることが明らかであるか又は遺贈と解すべき特
段の事情がある場合には、遺贈と解されます。

1 相続させる遺言（特定財産承継遺言）とは

遺言書の内容に、「特定の財産を、特定の相続人に、相続させる」旨を
記載することがあり、こうした遺言は「相続させる」遺言と呼ばれてきま
した。

相続させる遺言の法的性質については、従前、遺産分割方法の指定と考
えるか、遺贈と考えるか見解が分かれていました。この点、判例[1]は、特
定の遺産を特定の相続人に「相続させる」趣旨の遺言は、遺言書の記載か
ら、その趣旨が遺贈であることが明らかであるか又は遺贈と解すべき特段
の事情のない限り、当該遺産を当該相続人をして単独で相続させる遺産分
割の方法が指定されたものと解すべきである旨判断しました。

さらに、同判決は、その効果として、特定の遺産を特定の相続人に「相

---

1 最高裁平成3年4月19日判決

続させる」趣旨の遺言があった場合には、当該遺言において相続による承継を当該相続人の意思表示にかからせたなどの特段の事情のない限り、何らの行為を要せずして、当該遺産は、被相続人の死亡の時にただちに相続により承継される旨判断しました。したがって、遺産分割を待たずして、遺言のとおりに特定の遺産を相続できるので、相続人は、単独で相続登記（所有権移転登記）をすることができます。

　平成30年改正により、民法は相続させる遺言の位置づけを明示することとし、「遺産の分割の方法の指定として遺産に属する特定の財産を共同相続人の一人又は数人に承継させる旨の遺言（以下「特定財産承継遺言」という）」（民1014②）と規定されました。

② 遺贈との違いについて

　相続させる遺言は、上記のとおり、原則として、遺産分割方法の指定と解されていますが、これと似たものとして、遺贈という制度があります。遺贈とは、遺言によって、相続財産を取得させる方法で、取得させる財産の内容を特定しない包括遺贈（民990）と取得させる財産を特定する特定遺贈（民998参照）とがあり、特に特定遺贈と相続させる遺言は、遺言により特定の人に特定の財産を取得させる点で類似します。

　遺贈と相続させる遺言とは、以下のような違いが認められます。

　① 遺贈の場合、財産を取得させる相手方は、法定相続人のほか、それ以外の第三者でも可能ですが、相続させる遺言の場合、財産を取得させる相手方は法定相続人でなければなりません。

　② 取得させる財産が不動産である場合、登記を移転する必要があり、遺贈では、受遺者（遺贈により財産を取得する人）は、他の法定相続人と共同して登記を申請する必要がありますが、相続させる遺言では、上記❶のとおり、指定された相続人は、遺産分割を待たずに財産を

取得することができ、単独で登記を移転させることができます。

③取得させる財産が借地権付き建物の場合、遺贈では、借地権者の承諾が必要になりますが、相続させる遺言では、借地権者の承諾も不要です。

④取得させる財産が農地の場合、農地の移転には、原則として、農業委員会の許可が必要になるところ（農地法3）、遺贈では、原則どおり、農業委員会の許可が必要になります。この点、相続させる遺言では、農業委員会の許可も不要となります（農地法3①十二）。ただし、届出は必要です（農地法3の3）。

　以上のとおり、相続させる遺言は、財産を取得させるにあたって、手続きが簡便になっており、財産を取得させる相手方が法定相続人であるならば、相続させる遺言による方法を選ぶことが一般的です。

POINT

1　相続させる遺言は、原則として、遺産分割方法の指定と解されます。
2　相続させる遺言は遺贈よりも財産の取得手続が簡便になりますが、相続人でない第三者に相続させることはできないので注意が必要です。

Q35 方式を満たさない自筆証書遺言の転換

被相続人（父）が生前に作成した自筆証書遺言が見つかったのですが、一部パソコンで作成されており、自筆証書遺言の要件を満たしていません。父は、生前、遺言書に記載されたとおり、自宅を私に相続させると常々言っていたのですが、何の効力も認められないのでしょうか。

A 自筆証書遺言の形式要件（民968①）を満たさない以上、遺言としては無効ですが、父親が自宅をあなたに相続させるとおっしゃった際にあなたが承諾していると解される場合には死因贈与契約（民554）として効力が認められる可能性があります。

① 自筆証書遺言の要件（民968）

遺言は、民法の定める方式に従わなければ無効であるところ（民960）、自筆証書遺言については「自筆証書によって遺言をするには、遺言者が、その全文、日付及び氏名を自書し、これに印を押さなければならない」（民968①）と規定されています。

このため、遺言者による①全文、日付及び氏名の自書、②押印の要件を欠いている場合には、自筆証書遺言としては無効となります（ただし、平成30年改正により、全文自書の要件が緩和され、相続財産の目録については、遺言書を一体として添付し、目録のすべてのページに署名押印した場合には、自書する必要がなくなった）。

そうすると、本問の遺言書は、遺言書の一部がパソコンで作成されているため全文自書の要件を満たさず、遺言書としては無効です。

② 死因贈与契約（民554）

　人が死亡した場合に、他人に財産を承継させるには、遺言（遺贈や特定財産承継遺言）のほかに、死因贈与契約によることも可能です。

　死因贈与契約は、「贈与者の死亡によって効力を生ずる贈与」契約であり（民554）、遺言と異なり、要式行為（一定の形式を具備する必要がある法律行為）ではありません。

　このため、当事者間の口頭での合意でも有効に契約を成立させることができます。ただし、一般的にいえば、口頭の合意は立証が困難であること、日本の社会通念として、重要な契約は契約書にして署名押印を行うはずであると考えられていることから、口頭の約束は確定的な効果意思が認められず、有効に契約が成立していないと判断される場合が多いものと解されています[1]。

　しかし、本問では、父親が遺言書との名目であるものの文書で作成し、署名押印しているとすれば、父親の確定的な意思が表明されているものと考えられるため、生前の父親の発言はその意思を表明したものと解することができます。

　そうすると、父親の発言は、自身が死亡した場合、自宅を質問者（子）に取得させるという意思表示であったものと解することができ、自宅を受領する質問者の意思表示（「ありがとう、もらいます」等の意思表示）が行われている場合には、相互の意思表示が合致しているものとして、死因贈与契約の成立が認められる可能性があります[2]。

　ただし、死因贈与契約は、当事者の意思表示の合致によって成立する契

1　やや事案を異にしますが、遺言書は下書きであり、確定的意思が表明されたものではなく、死因贈与契約とも認められないと判断した事例に、東京地裁平成28年10月25日判決があります。

2　東京地裁平成30年1月17日判決、東京地裁平成29年10月31日判決等

約という性質上、当事者たる被相続人の生前に締結されなければならないと解するのが素直です。したがって、財産の取得者が死後に遺言書を初めて発見したもので、生前の合意を認定できない場合には、死因贈与とは認められないと考えられ、裁判例にもこの考え方を前提としていると思われるものがあります[3]。また、現実的には生前の合意の立証が難しいほか、遺言者の意思は遺言を行う意思であって死因贈与の意思が含まれたものではないと判断された事例があるなど[4]、それほど簡単には認められないことに注意が必要です。

POINT

1　遺言が形式要件に反して無効であっても、死因贈与契約と解される場合があります。
2　死因贈与契約の締結が認められるかどうかは、遺言者の意思のほか、生前に遺言書を示された際のやりとりなどの事情が重要となります。

---

[3]　東京地裁平成29年1月13日判決
[4]　名古屋地裁平成30年4月20日判決（控訴審である名古屋高裁平成30年10月26日判決も同旨）。ただし、最高裁令和3年1月18日判決により遺言が無効であるとの判断に誤りがあるとして取り消されたものです。

Q36 自筆証書遺言の方式違反による有効・無効の事例

自筆証書遺言を書く際の注意点を教えてください。例えば、以下の遺言書は有効でしょうか。

（1）本文がワープロで書かれている場合

（2）日付が「吉日」となっている場合

（3）日付が現実の作成日ではない場合

（4）名前しか書いておらず姓が書かれていない場合

（5）押印の代わりに拇印が押してある場合

（6）押印の代わりに花押が書いてある場合

A 自筆証書遺言には、形式要件（民968①）として、遺言者が、全文、日付及び氏名を自書し（ただし、相続財産の目録については例外がある）、押印する必要があります。

このため、それぞれの遺言書の有効性は次のとおりです。

（1）全文自書の要件に反して無効

（2）日付の記載要件に反して無効

（3）現実の作成日でなくとも有効

（4）氏の記載がなくとも遺言の内容その他により遺言者が特定できる場合には有効

（5）押印の一種として有効

（6）押印がないので無効

① 自筆証書遺言の要件

　自筆証書遺言を作成するには、遺言者に遺言能力（判断能力）があり（民963）、内容が確定可能である（＝遺言書がどのような意味であるかが判定可能である）ことが前提ですが、そのほか、形式要件（民968①）として、遺言者が、①全文、日付及び氏名を自書し、②押印する必要があります。ただし、①の例外として、法改正により相続財産の全部又は一部の目録を添付する場合には、目録については自書せず、各ページに署名押印することで要件を満たすことができるようになりました。

　このような形式要件が定められた趣旨は、遺言は遺言者の亡くなる前の最終の意思を実現するものですので、その真意を実現するべきですが、遺言の効力発生時には遺言者はこの世におらず、偽造・変造があっても、遺言者本人に偽造・変造の有無を確認できないことから、形式面で厳格な要件を定めたものとされています。

② 本問の検討

　（1）のワープロを利用した場合については、全文を自書する要件に反して無効となります。

　（2）の「吉日」との日付の記載については、「吉日」では作成日が特定できないため、日付の記載要件に反するものとして無効と解されています[1]。当然ながら、年月の記載はあるが日の記載がないときは、日付の記載を欠いて無効です[2]。

　（3）の日付の記載が現実の作成日と異なる場合は、現実の作成日と齟

1　最高裁昭和54年5月31日判決
2　最高裁昭和52年11月29日判決

齬があるとはいえ日付の記載があるため、原則として有効と解されます。

　判例[3]は「自筆遺言証書に記載された日付が真実の作成日付と相違しても、その誤記であること及び真実の作成の日が遺言証書の記載その他から容易に判明する場合には、右日付の誤りは遺言を無効ならしめるものではない」と判断しています。

　また、遺言者が入院中の平成27年4月13日に本件遺言の全文、同日の日付及び氏名を自書し、退院して9日後の同年5月10日に押印した事案において、日付の記載を要件とする趣旨が遺言者の真意の確保等にあるという観点から、必要以上に方式を厳格に解することはかえって遺言者の真意の実現を阻害するおそれがあるとして、有効と認めています[4]。遺言の作成日は、遺言者の遺言能力の判断、作成順序の確認（前後の遺言で矛盾ある場合、後から作成したものが有効となる。民1023①）などの観点から必要ですが、そのような観点から弊害がない限り、有効になるものと考えられます。

　これに対し、上記令和3年最高裁判決の前の裁判例[5]には、「実際の作成日とは異なることを知りながら、これを作成日付として記載した」事案について、「本件遺言書に記載された日付は、真実の遺言作成日ではなく、不実の日付であるから、日付の記載がない場合と同視し、本件遺言は、民法968条1項所定の自筆証書遺言の方式を欠くものとして、無効と解すべきである」と判断しているものがありました。

　（4）の姓が記載されておらず名のみの署名の事案については、「氏名」を記載すべき要件に反して「氏」の記載がないため、無効と解するのが法律に忠実な解釈ですが、遺言書から遺言者が特定でき他人と混同すること

3　最高裁昭和52年11月21日判決
4　最高裁令和3年1月18日判決
5　東京地裁平成24年10月23日判決

がない場合には有効であると解されています[6]。

（5）の押印ではなく指印が押された事案では、押印の要件について、遺言者の同一性及び真意を確保するとともに、重要な文書については作成者が署名したうえ、その名下に押印することによって文書の作成を完結させるという日本の慣行ないし法意識に照らして文書の完成を担保するものと解したうえで、指印があれば印章による押印があるのと同等の意義を認める慣行ないし法意識に照らして押印の要件を満たすものと判断されました[7]。

これに対して、（6）の押印ではなく花押が記載された事案については、「我が国において、印章による押印に代えて花押を書くことによって文書を完成させるという慣行ないし法意識が存するものとは認め難い」として、無効と解されています[8]。

そのほか、最近の事例では、上記❶で言及したとおり、目録については自筆である必要はなくなりましたが、目録に署名押印がなかった事例において、目録部分は無効であるが、その余の部分は有効である旨判断している裁判例があります[9]。

POINT

1　自筆証書遺言の形式要件は、①全文（目録以外）、日付及び氏名を自書し、②押印する必要があります。
2　一定の範囲で救済される余地はありますが、厳密に要件を守っておくことがトラブル回避につながります。

6　大審院大正4年7月3日判決
7　最高裁平成元年2月16日判決
8　最高裁平成28年6月3日判決
9　札幌地裁令和3年9月24日判決

Q37　遺言書の訂正

(1) 父の自筆証書遺言が見つかりました。ところが、「自宅の不動産は長男（私）に相続させる」と記載があるものの、二重線が引いてありました。二重線のところには、変更した旨の記載や、父の署名押印はありません。この部分はどのように扱われるのでしょうか。

(2) 父の自筆証書遺言が見つかりました。ところが、一部について黒塗りがされており、何が書いてあったのかわかりません。その部分に変更した旨の記載や父の署名押印はありません。この部分はどのように扱われるのでしょうか。

A 　自筆証書遺言については、変更する場合には、遺言者が場所を指示し変更した旨を付記して署名し、変更の場所に押印することが要件とされています（民968③）。

　このため、(1) は変更の要件を満たしていないため、変更されていないもの、すなわち、自宅の不動産をあなたに相続させる旨の遺言として効力を有します。

　これに対して (2) は、変更の要件を満たしていないため変更の効力は発生しないのですが、何を書いてあったのかわからなければ遺言として効力を発生させることができないため、結局、当該部分については効力が発生しないことになります。

❶ 自筆証書遺言の訂正の要件

　自筆証書遺言については、作成について厳格な方式が定められているば

かりではなく（民968①）、その変更についても厳格に要件が定められ、遺言者が変更した場所を指示して、変更した旨を付記して署名し、変更の場所に押印する必要があります（民968③）。

　これは作成の際の厳格な要件と同様に、遺言者の真意を確保する趣旨の要件です。このため、（1）のように二重線を引いた場合には、通常は、遺言者たる作成者としては当該部分を無効とする意思であったものと考えられますが、本当に遺言者である父親が二重線を引いたのか否か、すなわち、第三者による変造である可能性も無視できません。

　このため、法は、上記のような形式的要件を満たさないものは、「変更として無効」とすることとしました。

② 本問の検討

　以上によれば、要件を満たさない（1）の変更は無効ですから、変更前の遺言の文言に従って効力が発生することになり、自宅は質問者（長男）が取得することになります。

　これに対して、（2）の場合も変更は無効であり、本来は変更前の遺言の文言に従って効力が発生すべきです。しかし、変更前の文言が読み取れなくては、その内容を確定できませんので、結局、変更前の文言に従った効果は発生しない（発生させることができない）ことになります。

　ちなみに、自筆証書遺言に赤ボールペンで全体に斜線を引いた場合には、遺言の「変更」ではなく、「破棄」（民1024）に当たるものとして、撤回と判断されます[1]。

1　最高裁平成27年11月20日判決

POINT

1　自筆証書遺言については、変更についても厳格な要件があり、この要件を満たさない変更は、変更がないもの、すなわち、変更前の文言が有効なものとして扱われます。
2　変更の要件を満たさない場合であっても、変更前の文言が不明である場合には、変更前の要件に沿った効果が発生しません（発生させることができない）。

Q38　遺言書の解釈

素人が書いた遺言で、その意味がはっきりしないときは、どのようになりますか。

A 遺言書の内容については、遺言者の真意を探求するものとされており、遺言書自体の記載のほか、生前の遺言者の置かれた状況やメモなどをもとに、遺言者が真に意図した内容がどのようなものかを検討します。そのようにしても真意が明らかではない、あるいは特定できないということとなると、遺言書の当該部分は効果が発生しないものと扱わざるを得ません。

　遺言は、遺言者の相続開始時に効力を発生させる法律行為である以上、どのような法律効果を発生させるのか、特定できる必要があります。
　そして、遺言は、遺言者の生前の最終意思であり、法律に反しない限り遺言者の自由な意思を実現させるべきものですので、可能な限り遺言者の本当の意図＝真意を探求し、それを実現するとの姿勢で解釈すべきです。遺言書の文言はもとより、遺言者の置かれた環境・生活状況や遺言者が残したメモ、日ごろの言動などを参考して、遺言書の解釈が行われます。
　しかし、遺言書に文言があっても、それがどのような法律効果を発生させるものかが最終的に特定できなければ、当然ながら遺言の内容を実現できません。
　例えば、「○○市××町１丁目の土地はＡに相続させる」と記載があった場合に、「○○市××町１丁目」に２筆の土地XYが別々に存在するとどうなるでしょうか。ＡにはＸを相続させる趣旨か、Ｙを相続させる趣

旨か、それとも XY を相続させる趣旨か、解釈の余地があります[1]。

　自筆証書遺言では、弁護士等の専門職が関与していないため、文言が不十分で意味のはっきりしないものが見受けられます。

　このような場合、最終的には、裁判所に持ち込まれ、遺言書の意味が確定できるかどうかが争われることとなります。

　裁判例では、①「私が亡き後預貯金、身の周りの物の整理を姪のＡさんにすべて委託します。」との文言について、預貯金の遺贈と解釈した事例[2]、②「『動産』との文言については、本件各預貯金を含むもの」と解釈した事例[3]、③「私が亡くなったら財産については…長女…に全てまかせますよろしくお願いします」との文言について、全部包括遺贈と解釈した事例[4]、④「家庭に民法は不要だ。」「Ｃ家の相続人はＢのみ」との記載につき、財産全部をＢに「相続させる」趣旨の遺言であると解釈した事例[5]、⑤「次の家屋と借地権を自由に裁量処分することを相続人甲野秋子に委任する。」との文言について、単独で「相続させる」との趣旨と解釈した事例[6]、⑥「丙野家の財産は全部訴外人に『まかせます』との記載」について、遺贈ではないものと解釈した事例[7]などがあり、比較的、遺言者の意思を推し量って緩やかに解しているようではありますが、文言だけでは必ずしも決め手にならず、諸般の事情が考慮されていることがうかがえます。

1　隣接していた土地に関する事案ですが、東京地裁平成30年11月30日判決では、最終的に両方の土地を取得させる趣旨と解釈しました。
2　東京地裁令和２年12月16日判決
3　東京地裁平成29年８月25日判決
4　大阪高裁平成25年９月５日判決
5　東京地裁平成24年10月15日判決
6　東京高裁平成９年11月12日判決
7　東京高裁昭和61年６月18日判決

<table>
<tr><td colspan="2" align="center">POINT</td></tr>
</table>

1　遺言の意味については、遺言者の真意がどのようなものであったかを、遺言書の文言のほかに、生前の、遺言書作成の経緯、生活状況、日記、メモ、発言等を参照して認定するものとされます。

2　死後の争いを避けるためには、一義的な文言となるように、専門家に相談しながら作成するのが望ましいでしょう。

Q39　生命保険金と特別受益

　父が死亡しました。相続人は兄と私（弟）です。兄だけ多額の生命保険金を得ており不公平だと思います。何とかなりませんか。

A　生命保険金が遺産に比して著しく多額である場合には、特別受益として遺産分割において考慮されますが、そこまでではない場合には、残念ながら考慮されません。

❶ 特別受益

　相続において、特定の相続人が、被相続人から遺贈を受け、又はその生前に多額の贈与（婚姻若しくは養子縁組のため若しくは生計の資本としての贈与）を受けている場合には、特別受益（民903①）として、相続分の計算において、一旦は相続財産の一部として加算したうえで（持戻し）、その相続人の相続分から控除される（相続によって取得する財産が減少する）こととされています。

❷ 生命保険金の性質

　生命保険金は、保険金受取人が保険契約に基づいて取得する固有の権利であると解されており、被相続人から取得した財産ではないため「遺贈」（なお、この「遺贈」には特定財産承継遺言による取得を含むものと解されている）でも「贈与」でもありません。
　このため、原則として特別受益に該当しないものと解されています。

③ 生命保険金への類推

　もっとも、被相続人が保険料を負担して自己を被保険者とし、特定の相続人を生命保険金の受取人とする契約を締結した場合、実態としては、その保険金は被相続人の財産から拠出された保険料に由来するといえるでしょう。また、被相続人が生前に保険料を支払うと、保険料相当額が相続財産から減少するため、相続人の相続する財産が減少するのに対し、保険金受取人たる相続人のみが被相続人の死亡により多額の財産を取得することになります。

　このような実態や不公平に照らし、判例[1]は「保険金受取人である相続人とその他の共同相続人との間に生ずる不公平が民法903条の趣旨に照らし到底是認することができないほどに著しいものであると評価すべき特段の事情が存する場合には、同条の類推適用により、当該死亡保険金請求権は特別受益に準じて持戻しの対象となる」と判断しています。

　この「不公平が民法903条の趣旨に照らし到底是認することができないほどに著しいものである」場合とは、具体的にどの程度の不公平が生じる場合であるのかについては、最終的に裁判所の判断の積み重ねの中で基準が形成されていくものといわざるを得ませんが、遺産が約6,400万円、生命保険金が約800万円、遺産に占める割合が約12.4%であった上記判例において、最高裁は特別受益には当たらないものと判断しました。

　また、2012年に東京家裁の運用について執筆された記事に「特段の事情は、保険金の額のみによって判断されるものではないが、保険金額が遺産総額の6割を超えるような場合は、持ち戻しの対象となると判断される可能性が高くなるであろう」[2]との記述があります。

　先例があまり公表されない事件類型であるため（遺産分割は、調停で話し

1　最高裁平成16年10月29日決定

合いにより解決されることが多く、その場合には公表されない）、裁判所の具体的な判断基準は明らかでありませんが、上記を参考に判断するほかないものと考えられます。

　なお、被相続人が勤務していた会社で死亡退職金が一定の相続人に支給される場合に、当該相続人の固有の権利と解され[3]、同様の問題が生じることがあります。これについては、「死亡退職金についても、生命保険金と同様に、受取人である相続人が自らの固有の権利として取得するものである場合において、他の共同相続人との間に民法903条の趣旨に照らして是認することができない特段の事情が存在するときは、同条の類推適用による持戻しの対象となると解するのが相当である」と判断した裁判例[4]があります。

POINT

　1　特別受益は、遺贈のほか、婚姻若しくは養子縁組のため若しくは生計の資本としての贈与が含まれますが、贈与は相当程度の金額である必要があります。
　2　生命保険金は、受取人固有の権利であって、遺産ではありません。
　3　生命保険金は、原則として特別受益には当たりませんが、生命保険金の受領者と他の相続人間の不公平が特別受益の制度の趣旨に照らし到底是認することができないほどに著しいものである場合には、特別受益の規定が類推適用されることがあります。

2　判例タイムズ1376号57頁
3　最高裁昭和55年11月27日判決、最高裁昭和62年3月3日判決
4　東京地裁平成25年10月28日判決

Q40 遺産の評価

父が死亡しました。相続人は兄と私（弟）です。遺産は、自宅（相続税評価額5,000万円、時価6,000万円）と現金6,000万円で、兄は自宅を取得し預金も500万円取得すると主張していますが、正しいでしょうか。

A　相続税評価額は相続税申告のためのもので、民法上の遺産分割では（直接には）関係ありません。民法上は「時価」を基準に遺産分割を行います。

このため、総財産は時価で1億2,000万円、兄の相続分は6,000万円であり、自宅を取得すると残りはありませんので、預金を取得することはできません。

遺産分割に際して、民法は各相続人の相続分を定めています（民900、901）。

しかし、民法の定める相続分は、財産に対する割合であるため、具体的に存在する遺産を誰に帰属させるかを決定するためには、全遺産の価額を評価して、それに相続分たる割合を乗じて相続すべき財産の価額を算出し、特別受益（民903）、寄与分（民904の2）を加減算したうえで、最終的に取得すべき財産の価額を算出し（具体的相続分）、その価額に見合う財産を割り振る必要があります（厳密にいえば、時の経過により価額の変動が生じ得るので、相続開始時＝被相続人の死亡時点と、遺産分割の成立時点の2時点で評価する必要があるが、ここでは割愛する）。

遺産のうち、現金であったり、上場株式のように価額がはっきりしているものは問題がないのですが、不動産のように価額のはっきりしないものは、どのように評価するべきか問題となります。

不動産については、固定資産税を課税するための固定資産税評価額、相

続税申告を行うための相続税評価額、一般に売買される取引価額＝「時価」などが想定されますが、民法は特に評価方法を定めていないため、遺産分割においては「時価」を基準とすることになります。

　もっとも「時価」といっても、換価分割（遺産を売却してその代金を分割する方法）の場合を除けば、現実に売却されるわけではないため、実際の具体的な取引価額は不明であるというほかありません。

　このため、当事者である相続人間で、上記の固定資産税評価額や相続税評価額ないしその修正額、あるいは、不動産会社から取得した査定額を「時価」とすることに合意された場合には、その価額を基準とすることになります。お互いに合意できない場合には、遺産分割調停として家庭裁判所に持ち込まれ、最終的には裁判所の鑑定によることになります（なお、鑑定費用は当事者が負担するので、当事者にとっては、それなりの負担となる）。

　本問では、兄が自宅を相続税評価額で評価すべきであると主張しているのに対し、質問者（弟）はこれに同意せず、時価である6,000万円で評価することを主張していると想定されます。そして、6,000万円が「時価」であるならば、これを基準に遺産を評価し、分割することが正しいものと考えられます。

　そうすると、総財産は時価で1億2,000万円、兄の相続分は6,000万円であり、兄は、自宅を取得すると残りはないため、預金を取得することはできないという結論になります。

POINT

　民法上の遺産分割（及び遺留分）における遺産の評価は「時価」によります。したがって、当事者間で「時価」として合意された場合を除き、固定資産税評価額や相続税評価額は、遺産分割において関係がありません。

Q41　超過受益者

父が死亡しました。相続人は妻、長男、次男、三男です。遺産は全部で1億2,000万円ですが、長男が遺言で5,000万円の土地（法定相続分以上の財産）を取得しており、未分割財産がある場合には、どのように分割するのでしょうか。

A　相続人が配偶者及び子3名ですので、子である長男の法定相続分は6分の1となります。遺産が1億2,000万円ですので、長男の相続分は2,000万円ですが、遺言によりこれを超過する5,000万円を取得しているため（超過受益者）、残りの財産について相続することはできません（なお、長男の取得財産は総財産の2分の1を下回っているため、他の相続人の遺留分の侵害はない）。残りの遺産7,000万円を、妻、次男、三男がどのような割合で取得するかについては争いがありますが、妻の具体的相続分6,000万円、次男の具体的相続分2,000万円、三男の具体的相続分2,000万円に応じた比率＝妻5分の3、次男5分の1、三男5分の1の割合によるのが合理的であろうと考えられます。

1 超過受益者

相続が発生した場合、相続人が遺産を承継しますが、承継の割合については民法が規定しています（民900）。

しかし、被相続人は遺言により遺産の承継者を定めることができ（遺贈、特定財産承継遺言〔＝「相続させる」遺言〕）、遺言によって全部の遺産の承継者が決まっていれば、遺産分割協議を行う必要がありませんが、遺言で一

部の遺産の承継者のみが定まっている場合やまったく遺言がない場合には、残りの遺産について遺産分割協議を行う必要があります。

　一部の相続人が遺言により遺産を取得した場合、遺産分割においては、その取得した財産を特別受益（民903）として取り扱い、当該相続人の相続分から差し引くとの解釈がとられています。

　ところが、遺言で取得した財産が当該相続人の法定相続分を超えることもあります（超過受益者）。その場合には、遺言により当該相続人について遺言で取得する財産に相当する相続分の指定（民902①）があったものとして、法定相続分を超える部分を返還する必要はないものの[1]、残りの遺産についての分割協議では財産を取得することができません。

② 超過受益者以外の遺産分割の基準

　超過受益者は残りの財産について取得できないことから、残りの相続人で遺産分割協議を行うことになりますが、この残りの相続人の相続分については、①超過受益者である相続人について初めから存在しないものとして相続分を定める、②超過受益者も含めて具体的相続分を定め、その後、超過受益者は財産を得られないので、超過受益者以外の相続人の具体的相続分に比例して配分する、の2つの方法が考えられます。

　本問で、①の考え方によると、妻2分の1、次男4分の1、三男4分の1の割合で分割することになります。これに対して、②の考え方によると、各自の具体的相続分は、妻6,000万円、長男2,000万円、次男2,000万円、三男2,000万円ですが、長男は超過受益者ですので、妻

1　同様に、生前の贈与が特別受益に当たり、これが法定相続分を超える場合も返還する必要がありません（民903②）。ただし、他の相続人の遺留分を侵害する場合には、遺留分侵害額請求を受けることがあります。

6,000万円、次男2,000万円、三男2,000万円に比例する、すなわち、妻5分の3（＝6,000万円÷（6,000万円＋2,000万円＋2,000万円））、次男5分の1（＝2,000万円÷（6,000万円＋2,000万円＋2,000万円））、三男5分の1（次男と同じ計算式）の割合で分割することになります。

　確定した裁判例はないようですが、①の考え方は、超過部分の負担が妻に偏るきらいがあります。具体的には、超過部分が少ない場合には、むしろ次男及び三男の取得額が増えることが生じ得ます。例えば、本件で長男の取得額が3,000万円であった場合には、①の考え方だと、次男及び三男の取得額は2,250万円（＝（1億2,000万円－3,000万円）×1/4）となり、長男に特別受益がない場合の取得額2,000万円（1億2,000万円×1/6）より増加します。このため、②の考え方が合理的なものと思われます。

　したがって、本件では、残りの遺産7,000万円を、妻4,200万円（＝7,000万円×3/5）、次男1,400万円（＝7,000万円×1/5）、三男1,400万円の割合により分割するべきものと考えられます。

POINT

1　相続人のうち、自己の相続分を超えて財産を取得した相続人は超過受益者と呼ばれ、他に遺産が存在しても、その遺産を取得することはできません。

2　超過受益者がいる場合における、残りの相続人の相続分の計算方法については、各相続人の具体的相続分に比例する方法が合理的なものであると考えられます。。

Q42 相続分の譲渡と特別受益

　母が死亡しました。相続人は兄と私（弟）です。兄は、父の相続の際に母から相続分の無償譲渡を受けています。これは特別受益にならないのでしょうか。

A　相続分の価値に相当する特別受益があると考えられます。

　相続分とは、相続に際して遺産分割の基準となるもので、遺言による指定（民902）がない場合には、民法の定める「法定相続分」（民900）によることになります。法定相続分を出発点として、特別受益（民903）、寄与分（民904の2）の調整を行ったものを「具体的相続分」といい、これが分割の基準となります。

　特別受益及び寄与分を考慮した具体的相続分の算定方法については、**Q15**を参照してください。

　特定の相続人Aの有している相続分を別の相続人Bに譲渡した場合、譲受人Bがその相続分に相応してより多くの遺産を取得することになることから、直感的には、無償で相続分の譲渡を受けた場合は譲渡人Aの相続において特別受益に当たると解するのが素直ではないかと思われます。しかし、上記のように相続分が「遺産分割の基準」であり、譲受人Bは、遺産を相続分の譲渡人Aからではなく、当該相続の被相続人Cから取得しているとも解されることから、特別受益に当たるのか否か争いがありました。

　この点について、判例[1]は、「共同相続人間で相続分の譲渡がされたと

きは、積極財産と消極財産とを包括した遺産全体に対する譲渡人の割合的な持分が譲受人に移転し、相続分の譲渡に伴って個々の相続財産についての共有持分の移転も生ずるものと解される。…（中略）…相続分の譲渡は、譲渡に係る相続分に含まれる積極財産及び消極財産の価額等を考慮して算定した当該相続分に財産的価値があるとはいえない場合を除き、譲渡人から譲受人に対し経済的利益を合意によって移転するものということができる」として、当該相続分に財産的価値があるとはいえない場合を除き、民法903条1項の「贈与」に該当すると判断しました。

　したがって、このような争いになる場合、通常は、相続分に相当の価値、すなわち「生計の資本」といえる程度の価値があるものと考えられますので、無償譲渡を受けた相続分の価値に相当する「贈与」として、特別受益に該当するものと解されます。

POINT

　相続分の無償譲渡は、民法903条1項に規定する「贈与」に該当し、特別受益となり得る。

1　最高裁平成30年10月19日判決

Q43 寄与分

父が死亡しました。相続人は、相続人は兄と私（弟）です。父は多数の不動産を持っていましたが、現金に乏しく、晩年は認知症になって老人ホームに入居しましたが、その費用はすべて私が支払いました。

（1）このことは、相続に際して考慮されませんか。【寄与分】

（2）遺言をみると、すべて長男に遺産を相続させるものとされています。寄与分は主張できないのでしょうか。【遺留分侵害における寄与分の主張の可否】

A （1）については、寄与分（民904の2）として、相続に際して考慮され得るものと考えられます。

（2）については、遺留分侵害額請求では寄与分は考慮されませんので、寄与分の主張はできません。

1 寄与分

遺産分割においては、当然ながら被相続人の財産＝遺産（相続財産）が分割の対象となります。

ところが、相続人の中には、生前、被相続人のために様々な貢献をし、その結果、被相続人の遺産が維持・形成されていたというような事案も想定されます。

本問のように、相続人が、生前の被相続人のために、老人ホームへの入居費用を支払ったというような場合、被相続人が自己の財産を処分して自己の財産から支払っていれば、遺産が減少していたと見込まれますが、相

続人が代わりに支払うことで、相続時の遺産が残ったものと認められます。

　このように「被相続人の事業に関する労務の提供又は財産上の給付、被相続人の療養看護その他の方法により被相続人の財産の維持又は増加について特別の寄与をした」（民904の2①）場合には、遺産分割において、その寄与に応じた財産を当該相続人に分配することが公平であると考えられます。これを「寄与分」といいます（具体的相続分の算定に際しての計算方法については、**Q15**を参照）。

　ただし、この「寄与分」は、遺産分割に際して当然に認められるものではなく、共同相続人間の協議により定めるか、家庭裁判所に対する申立てにより裁判所に決定してもらう必要があります（民904の2②）。

　また、相続人による被相続人に対する貢献があればただちに認められるものではなく、「被相続人の財産の維持又は増加」、すなわち、財産上の寄与であり、かつ「特別の」寄与であることが必要です。したがって、例えば、財産的な意味を持たない同居の親族が食事の用意や洗濯などを行った場合や、親族間の通常の扶助・援助と考えられる通院の補助や小遣いの提供などでは認められません。

　このため、共同相続人間の協議が成立する場合はともかく、相続人間で争いがあり家庭裁判所で決定する必要がある場合には、一定の類型化が行われており、①被相続人の事業に関する労務の提供（家業従事型）、②財産上の給付（金銭等出資型）、③被相続人の療養看護（療養看護型）などに分類したうえで、上記のとおり「特別の寄与であること」「財産の維持又は増加と因果関係があること」の要件のほか、「寄与行為に対し対価を受けていないこと」「相続開始時までの寄与であること」が必要なものと整理されています。

　本問では、質問者（弟）が認知症になった被相続人のために老人ホームへの入居費用をすべて支払ったということなので、その金額は相当に高額でしょうし、被相続人が不動産を処分するなどして支払った場合に比し

て、遺産が多く残ったものと考えられます。また、質問者がそのような高額の負担を行うことは親族間で通常期待されるものではなく、特別の貢献と評価できるものと思われます。そうすると、②の財産上の給付として、寄与分が認められるものと考えられます。

② 遺留分侵害の場合の不適用

遺産分割においては、「寄与分」について上記❶のように解されますが、これに対して、遺言で財産の行き先がすべて決まっている場合には、遺産分割の余地がありません。そうすると、遺産分割の基準である相続分を定めるための手続きの一部である「寄与分」を考慮することができません。

遺言があった場合に、相続人に最低限の権利を保障する制度が遺留分侵害額請求ですが、同請求に関する民法の規定においては、寄与分に相当する規定はなく、上記の遺産分割における規定も準用されていません（民1043〜1045参照。これに対して特別受益に相当する贈与については、民1044①③により考慮されている）。

したがって、寄与分というべき特別な貢献がある場合にも、遺留分侵害額請求では考慮されないことになり、遺留分の範囲でのみ権利を主張できることになります。

POINT

1　寄与分が認められるためには、遺産の維持又は増加に対する因果関係のある無償で行った生前の特別の寄与である必要がある。
2　寄与分の制度は、遺留分侵害については適用がない。

Q44 相続させる遺言の代襲相続の可否

父が死亡しました。父の遺言を開けてみると、「相続させる遺言」により兄が不動産を取得することとなっていましたが、兄は父の相続開始時に死亡していました。兄の相続人である子（甥）が財産を取得できるのでしょうか。

A 遺言書において、兄が先に死亡した場合には、兄の相続人である子に財産を取得させる意思であったことが認められる事情がなければ、兄の子が取得することにはなりません。

被相続人は、遺言によって、特定の相続人に財産を「相続させる」ことができます。このような「相続させる」遺言は、特定財産承継遺言と称され（民1014②）、遺産分割方法の指定、すなわち、被相続人が遺産分割において特定の財産を特定の相続人に取得させることを指定したもの（遺産分割協議を経ることなく、その限度で遺産分割の効果が発生する）と解されています。

ところが、被相続人の予想と異なり、遺言で指定した相続人が被相続人より先に亡くなることもあり得ます。

遺言は、被相続人の死亡時に効力を生じ（民985①）、したがって、相続させる遺言で財産を取得すべき推定相続人が、被相続人の死亡時にすでに死亡して存在しないのであれば、遺言の内容は実現不可能であり、その遺言（部分）は効力が発生しない、と解するのが原則的な考え方となります。

他方において、法律上、被相続人の子である推定相続人が先に死亡した場合には、その推定相続人の子（被相続人の孫）が代襲相続します（民887②）。

　このため、上記のような遺言がある場合にも、「推定相続人が先に死亡した場合には、その代襲相続人が代襲相続し、遺言によって推定相続人が取得すべき財産を代襲相続人が取得するのではないか」という議論の余地がありました。

　この点について、判例[1]は、「被相続人の遺産の承継に関する遺言をする者は、一般に、各推定相続人との関係においては、その者と各推定相続人との身分関係及び生活関係、各推定相続人の現在及び将来の生活状況及び資産その他の経済力、特定の不動産その他の遺産についての特定の推定相続人の関わり合いの有無、程度等諸般の事情を考慮して遺言をするものである（ため）…（中略）…このような『相続させる』旨の遺言をした遺言者は、通常、遺言時における特定の推定相続人に当該遺産を取得させる意思を有するにとどまるものと解される。したがって、上記のような『相続させる』旨の遺言は、当該遺言により遺産を相続させるものとされた推定相続人が遺言者の死亡以前に死亡した場合には、…（中略）…遺言者が、上記の場合には、当該推定相続人の代襲者その他の者に遺産を相続させる旨の意思を有していたとみるべき特段の事情のない限り、その効力を生ずることはないと解するのが相当である」と判断しました。

　したがって、遺言者において特に代襲相続人に財産を取得させる意思であったと認定できる特段の事情が認められない限り、当該「相続させる」遺言は効力を生ずることはありません。

　本問では、兄は、父親の相続時にすでに死亡していたのであり、兄が先に死亡した場合には兄の子である甥に取得させる意思があったと認められない限り、父の遺言には原則として効果がなく、遺産分割協議を行う必要があるものと考えられます。

1　最高裁平成23年2月22日判決

POINT

　特定財産承継遺言については、承継予定であった推定相続人が先に死亡した場合に、原則として、代襲相続人に対して効果を発生させることはない。

Q45 遺留分算定における「特別受益」の期限

(1) 父が死亡しました。相続人は兄と私（弟）です。兄が遺言で相続財産の大半を取得しましたが、そのほか、兄は30年前に500万円を受け取っています。これは、遺留分の算定に際して考慮されますか。

(2) 父が死亡しました。相続人は兄と私（弟）です。兄が遺言で相続財産の大半を取得したので、遺留分侵害額請求をしようと思いますが、私は、30年前に父から500万円を受け取っています。これは遺留分の算定に際して考慮されますか。

A （1）の場合には、遺留分侵害額請求において、兄の取得した500万円は考慮されません。（2）の場合には、遺留分侵害額請求において、あなたの取得した500万円は遺留分計算の基礎財産には含まれませんが、特別受益として考慮され、あなたの請求額から控除されます。

❶ 遺留分の基礎財産に含まれる贈与の時的範囲

一定の相続人（兄弟姉妹以外の相続人、すなわち、配偶者、子〔ないし子の代襲者〕、直系尊属）については、被相続人の意思＝遺言によっても侵害されない遺留分が権利として保障されています（民1042①）。

この遺留分の計算方法については、相続財産に、一定の贈与を加算し、相続債務を控除して（民1043①）、そこに遺留分割合を乗ずる（民1042①②）とされています。

相続財産に加算される一定の贈与について、相続人に対する贈与は、相続開始前10年間になされた「婚姻若しくは養子縁組のため又は生計の資

本として受けた贈与」とされています（民1044③①）。

　平成30年改正前の民法では、この部分に関する明示の規定がなく、改正前民法1044条による民法903条の準用により、「婚姻若しくは養子縁組のため若しくは生計の資本として（受けた）贈与」が特別受益として加算されると解されていました。

　根拠条文が変更されたものの、相続財産に加算される贈与の性質は維持されていますが、ここに「10年間」との期限が設けられたことになります。

　このため、改正前であれば特別受益として遺留分の計算の基礎に含まれていた相続開始前10年間より過去の贈与が、改正後は計算の基礎に含まれないこととなりました。

　よって、現在では、以前は「特別受益」として持ち戻されていた一定の贈与のうち、10年より前のものは計算上関係がなくなり、本問（1）で兄が30年前に取得した財産は遺留分の算定に含まれません。

② 遺留分権利者の遺留分侵害額の算定で控除される贈与の時的範囲

　これに対して、遺留分を請求する側の侵害額の算定については、上記の計算方法によって算定された遺留分の額から、「遺留分権利者が受けた遺贈又は第九百三条第一項に規定する贈与の価額」を控除するものとされています（民1046②一）。

　民法903条1項に規定する贈与とは、特別受益であり、ここには10年といった期間制限が設けられていないため、遺留分侵害による請求を行う側で受領した特別受益については、期間に関係なく、その遺留分額から控除される（侵害額として請求できる金額が減少する）ことになります。

　このため、本問（2）の質問者（弟）が受領した贈与については、「婚姻若しくは養子縁組のため若しくは生計の資本として」との要件に該当する

ならば、特別受益として考慮され（厳密には、500万円の贈与を民法904条により相続開始時の時価に評価し直した金額が考慮される）、質問者の遺留分額から控除されることになります。なお、遺留分額算定のための基礎財産に含まれないことは、本問（1）の場合と同様です。

遺留分侵害額の計算式を示すと以下のとおりとなります。

相続開始時に有した財産（遺産）	……1043①
+	
【相続人以外】被相続人が相続開始前の 1年間にした贈与に係る財産の価額	……1044① 第1文
【相続人】被相続人が相続開始前の10年間にした婚姻若しくは 養子縁組のため又は生計の資本としての贈与に係る財産の価額	……1044③
当事者双方が遺留分権利者に損害を加えることを知って 行った贈与の価額	……1044① 第2文
−	
相続開始時において有した債務	……1043①
×	
遺留分割合	……1042①②
−	
遺留分権利者が受けた遺贈	……1046②一
特別受益 （婚姻若しくは養子縁組のため若しくは生計の資本としての贈与）	……1046②一
遺産分割により取得するべき財産	……1046②二
+	
遺留分権利者の承継する債務	……1046②三
＝	
遺留分侵害額	

POINT

1　遺留分算定の基礎財産に含まれる相続人に対する贈与は、相続開始前10年以内のものに限られる。
2　遺留分権利者の遺留分侵害額の算定において、遺留分額から控除される（権利者が取得した財産として、侵害額から減額される）贈与は、期間制限がない。

Q46　遺留分侵害額請求の相手方

父が死亡しました。相続人は母と長男（私）と長女です。ところが、遺言では、母と長女に全部の財産を相続させることになっていました。私は長女に対してのみ遺留分侵害額請求を行うことはできますか。

A　長女に対してのみ遺留分侵害額請求を行うことも可能です。ただし、その場合にも長女が侵害している限度でのみ請求でき、母による侵害部分まで長女に請求できるわけではありません。

　遺留分は、ごく簡略に説明すると、計算の基礎となる財産（基本的に相続財産）の価額（民1043①、1044）に、一定の割合を乗じて（民1042①②）計算し、そのうえで遺留分権利者が受け取った財産の価額を差し引いて（民1046②一、二）侵害額を算出します（**Q45**参照）。

　この遺留分侵害額を、財産を得た他の相続人等に対して請求することができるわけですが、他の相続人が連帯して負担するわけではなく、個別の負担額が法定されています。

　すなわち、財産を取得した人が相続人である場合、説明の便宜のため生前の贈与を捨象すると、当該相続人が取得した遺贈、特定財産承継遺言（「相続させる」遺言）により取得した遺産及び相続分の指定により取得した遺産の合計額のうち、当該相続人の遺留分額を超える部分の限度で負担することになります（民1047①柱書）。

　そして、遺産を取得した相続人が複数いる場合には、上記の遺留分額を超えた部分の価額の割合によって、比例的に負担することになります（民1047①二）。

　このため、複数の遺留分侵害者がいる場合に、遺留分を侵害された相続人が、そのすべての侵害者に対して請求を行わなければならないわけではなく、特定の侵害者に対してのみ請求を行うことは自由です。しかし、特定の侵害者に対してのみ請求した場合には、その特定の侵害者が負担する金額を超えて請求することはできません。

　本問では、母と長女の財産の取得割合が不明ではありますが、母の取得した財産から母の遺留分を控除した金額と長女の取得した財産から長女の遺留分を控除した金額の割合により、比例配分して母と長女の負担額が定まります。そのうえで母に対しての請求を控え、長女に対してのみ請求することは可能ですが、長女の負担額を超えて請求することはできませんので、質問者（長男）の取得財産は遺留分額に満たない結果となります。

POINT

1　複数の遺留分侵害者がいる場合には、遺留分権利者は任意の侵害者に対してのみ侵害額請求を行うことができます。
2　遺留分侵害者は固有の侵害額についてのみ責任を負うため、遺留分権利者が特定の侵害者に対して権利行使を行わなかった場合には、当該侵害者の負担する侵害額については、回収することはできません。

第 2 編

相続税・贈与税

第1章

相続税の概要と
納税義務者

身近に相続が発生した場合には、不動産の相続登記、預貯金の解約、生命保険金の請求など、その財産に関連して、残された遺族がしなくてはならないことは多々ありますが、そのうちの一つに相続税の申告があります。

最近では、日本国内のみで完結する相続ではなく、外国が関係する相続が増えています。本章では、被相続人や相続人が外国籍の場合、国外に居住している場合、財産が国外にある場合等、それらの状況によって相続税の納税義務や課税される財産の範囲はどう変わるのかを解説します。

Q47 相続税とは

相続税とは、どのような税金ですか。どのような場合に納める必要があるのでしょうか。

A 相続税とは、相続が発生した場合において、被相続人から相続又は遺贈により財産を取得した者が、その取得した財産に対して課される税金です。財産を取得し、その財産の価額が一定の額以上であれば、相続税を納める必要があります（相法1の3）。

　相続が発生した場合において、被相続人の財産については、遺言がない場合には、一般的には法定相続人が相続することになり、遺言がある場合には、その遺言に基づき受遺者が遺贈を受けることとなります。

　その取得した財産を相続税法や財産評価基本通達に基づく一定の評価方法に従って評価した評価額が、相続税法により定められた一定の基礎控除額（法定相続人の数により異なる）を超過する場合には、その財産の取得者は、相続税の申告が必要となります。相続税は、例えば固定資産税のように賦課課税される税金ではなく、申告が必要な者自身が、税務署に対し申告を行い、納付する税金です。

　なお、相続税は、財産を取得した者が個人である場合に課される税金であり、財産を取得した者が法人の場合には、相続税の納税義務はありません。

POINT

　相続により財産を取得した場合、その財産の価額が一定の基礎控除額を超えていれば、相続税の申告が必要になり、納税義務が生じます。

Q48 納税義務者の区分

相続税の納税義務者は複数の区分に分かれているとのことですが、どのような区分がありますか。

A 相続税の納税義務者は、被相続人又は相続人の国籍、住所などにより、居住無制限納税義務者、非居住無制限納税義務者、居住制限納税義務者、非居住制限納税義務者、特定納税義務者、の5つの区分に分かれ、それぞれの区分に応じて、相続税が課税される財産の範囲などが異なります。

❶ 納税義務者の区分

相続税の納税義務者については、被相続人又は相続人の国籍、住所地、在留資格、国内住所の有無及びその年数により、その区分が異なります。居住無制限納税義務者（Q52・53参照）、非居住無制限納税義務者（Q54・55参照）、居住制限納税義務者（Q56参照）、非居住制限納税義務者（Q57参照）、の4つの区分に分けられますが、そのほかに、相続又は遺贈により財産を取得していなくとも、相続時精算課税の規定の適用を受けている場合には、特定納税義務者として、相続税の納税義務者となります。したがって、相続税の納税義務者は、計5つの区分に分けられることとなります。

どの区分の納税義務者に該当するかにより、相続税が課税される財産の範囲や課税価格の計算方法などが異なります（下記❷参照）。

上記の区分を図で表すと、次のとおりとなります。

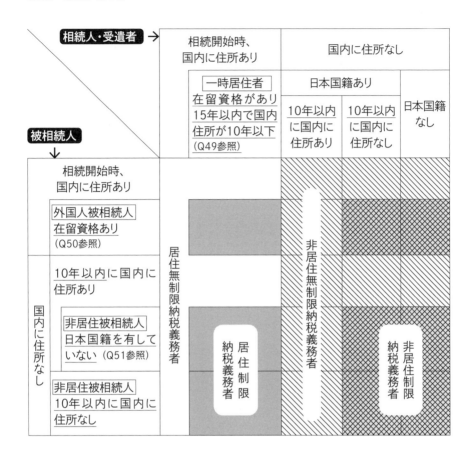

❷ 納税義務者の区分により取扱いが異なる主な制度

①－1 課税財産（日本国内及び日本国外にある財産）

　　　……居住無制限納税義務者及び非居住無制限納税義務者

①－2 課税財産（日本国内にある財産）

　　　……居住制限納税義務者及び非居住制限納税義務者

（Q59参照）

② 配偶者の税額軽減（相法19の2）……すべての納税義務者に適用

（Q73参照）

③ 未成年者控除(相法19の３)……居住無制限納税義務者及び非居住無
制限納税義務者のみ適用 （**Q74**参照)

④ 障害者控除(相法19の４)……居住無制限納税義務者のみ適用 （**Q75**参照)

⑤ 外国税額控除(相法20の２)……すべての納税義務者に適用 （**Q77**参照)

⑥ 納税地 （相法62)

……居住無制限納税義務者及び居住制限納税義務者⇒住所地

非居住無制限納税義務者及び非居住制限納税義務者

⇒納税地を定めて税務署長に申告

POINT

　被相続人又は相続人の国籍及び住所地により、**納税義務者の区分が**
異なり、それにより、相続税が課される財産の範囲も異なります。

Q49 一時居住者

納税義務者の区分にあたり、「一時居住者」という用語があります。これは、どのような者をいいますか。

A 一時居住者とは、相続開始時において在留資格で一定のものを有する者であって、その相続開始前15年以内において日本に住所を有していた期間の合計が10年以下である者をいいます（相法1の3③一）。

相続又は遺贈により財産を取得した時において日本に住所を有していた場合には、原則として、相続税の納税義務者となります。しかし、一時的に日本に住所を有していた期間にたまたま相続が発生し、財産を取得したような場合には、相続税が課されない場合があります。その者が「一時居住者」に該当するか否かにより、その判定は変わります。

一時居住者とは、単に一時的に日本に滞在していたというだけではなく、出入国管理及び難民認定法別表第一の在留資格（下表参照）を有する者である必要があります。例えば、有する在留資格が、外交、高度専門職、留学などによる場合には、一時居住者に該当しますが、日本人の配偶者であることなどによる場合には、一時居住者には該当しないこととなります。

なお、相続人が国内に住所を有していても、一時居住者に該当すれば居住制限納税義務者となり、相続税が課税される財産の範囲や課税価格の計算方法などが異なります（**Q48**参照）。

【出入国管理及び難民認定法　別表第一】

一

在留資格	本邦において行うことができる活動
外交	日本国政府が接受する外国政府の外交使節団若しくは領事機関の構成員、条約若しくは国際慣行により外交使節と同様の特権及び免除を受ける者又はこれらの者と同一の世帯に属する家族の構成員としての活動
公用	日本国政府の承認した外国政府若しくは国際機関の公務に従事する者又はその者と同一の世帯に属する家族の構成員としての活動（この表の外交の項の下欄に掲げる活動を除く。）
教授	本邦の大学若しくはこれに準ずる機関又は高等専門学校において研究、研究の指導又は教育をする活動
芸術	収入を伴う音楽、美術、文学その他の芸術上の活動（二の表の興行の項の下欄に掲げる活動を除く。）
宗教	外国の宗教団体により本邦に派遣された宗教家の行う布教その他の宗教上の活動
報道	外国の報道機関との契約に基づいて行う取材その他の報道上の活動

二

在留資格	本邦において行うことができる活動
高度専門職	一　高度の専門的な能力を有する人材として法務省令で定める基準に適合する者が行う次のイからハまでのいずれかに該当する活動であって、我が国の学術研究又は経済の発展に寄与することが見込まれるもの イ　法務大臣が指定する本邦の公私の機関との契約に基づいて研究、研究の指導若しくは教育をする活動又は当該活動と併せて当該活動と関連する事業を自ら経営し若しくは当該機関以外の本邦の公私の機関との契約に基づいて研究、研究の指導若しくは教育をする活動

		ロ　法務大臣が指定する本邦の公私の機関との契約に基づいて自然科学若しくは人文科学の分野に属する知識若しくは技術を要する業務に従事する活動又は当該活動と併せて当該活動と関連する事業を自ら経営する活動 ハ　法務大臣が指定する本邦の公私の機関において貿易その他の事業の経営を行い若しくは当該事業の管理に従事する活動又は当該活動と併せて当該活動と関連する事業を自ら経営する活動 二　前号に掲げる活動を行った者であって、その在留が我が国の利益に資するものとして法務省令で定める基準に適合するものが行う次に掲げる活動 イ　本邦の公私の機関との契約に基づいて研究、研究の指導又は教育をする活動 ロ　本邦の公私の機関との契約に基づいて自然科学又は人文科学の分野に属する知識又は技術を要する業務に従事する活動 ハ　本邦の公私の機関において貿易その他の事業の経営を行い又は当該事業の管理に従事する活動 二　イからハまでのいずれかの活動と併せて行う一の表の教授の項から報道の項までの下欄に掲げる活動又はこの表の法律・会計業務の項、医療の項、教育の項、技術・人文知識・国際業務の項、介護の項、興行の項若しくは技能の項の下欄若しくは特定技能の項の下欄第二号に掲げる活動（イからハまでのいずれかに該当する活動を除く。）
経営・管理		本邦において貿易その他の事業の経営を行い又は当該事業の管理に従事する活動（この表の法律・会計業務の項の下欄に掲げる資格を有しなければ法律上行うことができないこととされている事業の経営又は管理に従事する活動を除く。）
法律・会計業務		外国法事務弁護士、外国公認会計士その他法律上資格を有する者が行うこととされている法律又は会計に係る業務に従事する活動
医療		医師、歯科医師その他法律上資格を有する者が行うこととされている医療に係る業務に従事する活動
研究		本邦の公私の機関との契約に基づいて研究を行う業務に従事する活動（一の表の教授の項の下欄に掲げる活動を除く。）
教育		本邦の小学校、中学校、義務教育学校、高等学校、中等教育学校、特別支援学校、専修学校又は各種学校若しくは設備及び編制に関してこれに準ずる教育機関において語学教育その他の教育をする活動

技術・人文知識・国際業務	本邦の公私の機関との契約に基づいて行う理学、工学その他の自然科学の分野若しくは法律学、経済学、社会学その他の人文科学の分野に属する技術若しくは知識を要する業務又は外国の文化に基盤を有する思考若しくは感受性を必要とする業務に従事する活動（一の表の教授の項、芸術の項及び報道の項の下欄に掲げる活動並びにこの表の経営・管理の項から教育の項まで及び企業内転勤の項から興行の項までの下欄に掲げる活動を除く。）
企業内転勤	本邦に本店、支店その他の事業所のある公私の機関の外国にある事業所の職員が本邦にある事業所に期間を定めて転勤して当該事業所において行うこの表の技術・人文知識・国際業務の項の下欄に掲げる活動
介護	本邦の公私の機関との契約に基づいて介護福祉士の資格を有する者が介護又は介護の指導を行う業務に従事する活動
興行	演劇、演芸、演奏、スポーツ等の興行に係る活動又はその他の芸能活動（この表の経営・管理の項の下欄に掲げる活動を除く。）
技能	本邦の公私の機関との契約に基づいて行う産業上の特殊な分野に属する熟練した技能を要する業務に従事する活動
特定技能	一　法務大臣が指定する本邦の公私の機関との雇用に関する契約（第二条の五第一項から第四項までの規定に適合するものに限る。次号において同じ。）に基づいて行う特定産業分野（人材を確保することが困難な状況にあるため外国人により不足する人材の確保を図るべき産業上の分野として法務省令で定めるものをいう。同号において同じ。）であって法務大臣が指定するものに属する法務省令で定める相当程度の知識又は経験を必要とする技能を要する業務に従事する活動 二　法務大臣が指定する本邦の公私の機関との雇用に関する契約に基づいて行う特定産業分野であって法務大臣が指定するものに属する法務省令で定める熟練した技能を要する業務に従事する活動
技能実習	一　次のイ又はロのいずれかに該当する活動 　イ　技能実習法第八条第一項の認定（技能実習法第十一条第一項の規定による変更の認定があったときは、その変更後のもの。以下同じ。）を受けた技能実習法第八条第一項に規定する技能実習計画（技能実習法第二条第二項第一号に規定する第一号企業単独型技能実習に係るものに限る。）に基づいて、講習を受け、及び技能、技術又は知識（以下「技能等」という。）に係る業務に従事する活動 　ロ　技能実習法第八条第一項の認定を受けた同項に規定する技能実習計画（技能実習法第二条第四項第一号に規定する第一号団体監理型技能実習に係るものに限る。）に基づいて、講習を受け、及び技能等に係る業務に従事する活動

	二　次のイ又はロのいずれかに該当する活動
	イ　技能実習法第八条第一項の認定を受けた同項に規定する技能実習計画（技能実習法第二条第二項第二号に規定する第二号企業単独型技能実習に係るものに限る。）に基づいて技能等を要する業務に従事する活動
	ロ　技能実習法第八条第一項の認定を受けた同項に規定する技能実習計画（技能実習法第二条第四項第二号に規定する第二号団体監理型技能実習に係るものに限る。）に基づいて技能等を要する業務に従事する活動
	三　次のイ又はロのいずれかに該当する活動
	イ　技能実習法第八条第一項の認定を受けた同項に規定する技能実習計画（技能実習法第二条第二項第三号に規定する第三号企業単独型技能実習に係るものに限る。）に基づいて技能等を要する業務に従事する活動
	ロ　技能実習法第八条第一項の認定を受けた同項に規定する技能実習計画（技能実習法第二条第四項第三号に規定する第三号団体監理型技能実習に係るものに限る。）に基づいて技能等を要する業務に従事する活動
備考	法務大臣は、特定技能の項の下欄の法務省令を定めようとするときは、あらかじめ、関係行政機関の長と協議するものとする。

三

在留資格	本邦において行うことができる活動
文化活動	収入を伴わない学術上若しくは芸術上の活動又は我が国特有の文化若しくは技芸について専門的な研究を行い若しくは専門家の指導を受けてこれを修得する活動（四の表の留学の項から研修の項までの下欄に掲げる活動を除く。）
短期滞在	本邦に短期間滞在して行う観光、保養、スポーツ、親族の訪問、見学、講習又は会合への参加、業務連絡その他これらに類似する活動

四

在留資格	本邦において行うことができる活動
留学	本邦の大学、高等専門学校、高等学校（中等教育学校の後期課程を含む。）若しくは特別支援学校の高等部、中学校（義務教育学校の後期課程及び中等教育学校の前期課程を含む。）若しくは特別支援学校の中学部、小学校（義務教育学校の前期課程を含む。）若しくは特別支援学校の小学部、専修学校若しくは各種学校又は設備及び編制に関してこれらに準ずる機関において教育を受ける活動

研修	本邦の公私の機関により受け入れられて行う技能等の修得をする活動（二の表の技能実習の項の下欄第一号及びこの表の留学の項の下欄に掲げる活動を除く。）
家族滞在	一の表、二の表又は三の表の上欄の在留資格（外交、公用、特定技能（二の表の特定技能の項の下欄第一号に係るものに限る。）、技能実習及び短期滞在を除く。）をもって在留する者又はこの表の留学の在留資格をもって在留する者の扶養を受ける配偶者又は子として行う日常的な活動

五

在留資格	本邦において行うことができる活動
特定活動	法務大臣が個々の外国人について特に指定する活動

POINT

　相続人が国内に住所を有していても、一時居住者に該当するか否かにより相続税が課税される財産の範囲などが異なります。

Q50　外国人被相続人

納税義務者の区分にあたり、「外国人被相続人」という用語があります。
これは、どのような者をいいますか。

A　外国人被相続人とは、相続開始時において日本に住所を有し、か
つ、在留資格で一定のものを有していた被相続人をいいます（相
法1の3③二）。

相続又は遺贈により財産を取得した者の納税義務者の区分を判定するに
あたっては、財産を取得した者だけでなく、被相続人の日本での居住状況
も加味する必要があります。

被相続人が相続開始時において日本に住所を有していた場合には、通
常、その被相続人から相続又は遺贈により財産を取得した者については無
制限納税義務者に該当することとなりますが、被相続人が在留資格で一定
のものを有し、一時的に日本に滞在していた期間にたまたま相続が発生し
たような場合には、被相続人は外国人被相続人に該当し、その相続人が国
内に住所を有するか否かなどによって無制限納税義務者に該当しないこと
があります（Q48参照）。なお、ここでいう「在留資格で一定のもの」とは、
出入国管理及び難民認定法別表第一の在留資格（Q49参照）をいいます。

POINT

被相続人が日本に住所を有していても、在留資格による外国人被相
続人に該当する場合には、国内にある財産のみ課税財産となることが
あります（Q48参照）。

Q51　非居住被相続人

納税義務者の区分にあたり、「非居住被相続人」という用語があります。
これは、どのような者をいいますか。

A 　非居住被相続人とは、相続開始時において日本に住所を有していなかった被相続人であって、その相続開始前10年以内のいずれかの時において日本に住所を有していたことがある者のうち、そのいずれの時においても日本国籍を有していなかった者又はその相続開始前10年以内のいずれの時においても日本に住所を有していたことがない者をいいます（相法1の3③三）。

　被相続人が相続開始時において日本に居住していないからといって、日本の相続税が当然に課されないわけではありません。

　例えば、被相続人が相続開始前10年以内に日本に住所を有していた場合には、被相続人が日本を出国した後に相続が発生した場合であっても、被相続人が日本国籍を有していれば非居住被相続人には該当せず、被相続人から相続又は遺贈により財産を取得した者は、無制限納税義務者に該当し、被相続人から相続した日本国内外にある財産は相続税の課税対象となります。

POINT

　被相続人が相続開始時において日本に住所を有していなくとも、相続開始前10年以内の住所地及び国籍は確認する必要があります。

Q52 居住無制限納税義務者（1）

私は日本国籍を有し、出生から現在に至るまで日本に居住しています。相続により財産を取得しましたが、私は、相続税の納税義務者に該当しますか。

A 相続税の居住無制限納税義務者に該当し、被相続人から相続した日本国内外にある財産は相続税の課税対象となります。

　相続又は遺贈により財産を取得した時において、その財産を取得した者が日本に住所を有している場合には、その者は、居住無制限納税義務者又は居住制限納税義務者に区分されます。このうち、その者が一時居住者（**Q49**参照）でない場合又はその者が一時居住者であるが被相続人が外国人被相続人（**Q50**参照）又は非居住被相続人（**Q51**参照）のいずれでもない場合には、その者は居住無制限納税義務者に該当します（相法1の3①一）（**Q48**参照）。

　本問では、財産を取得した者は、出生から現在に至るまで日本に居住していることから一時居住者（**Q49**参照）とはならず、被相続人の日本での居住状況にかかわらず、相続税の居住無制限納税義務者に該当し、被相続人から相続した日本国内外にある財産は相続税の課税対象となります。

POINT

　被相続人も相続人も日本に居住しているケースでは、居住無制限納税義務者として、被相続人から相続した日本国内外にある財産が相続税の課税対象となります。

Q53　居住無制限納税義務者（２）

被相続人（母）は国外で私を産んだ後、母国である日本に帰り、相続開始時には日本国籍を有し、日本に居住していました。私は日本国籍を有しておらず、長年国外に居住していましたが、相続開始時において、「教育」の在留資格を得て一時的に日本に滞在していました。その滞在期間中に、相続により財産を取得しました。私は、相続税の納税義務者に該当しますか。

A　相続税の居住無制限納税義務者に該当し、被相続人から相続した日本国内外にある財産は相続税の課税対象となります。

相続又は遺贈により財産を取得した時において、その財産を取得した者が日本に住所を有している場合で、その者が一時居住者（Q49参照）に該当する場合には、被相続人が外国人被相続人（Q50参照）又は非居住被相続人（Q51参照）のいずれにも該当しない場合に限り、その者は居住無制限納税義務者に該当することとなります（相法１の３①一）（Q48参照）。

本問では、財産を取得した者は、「教育」の在留資格を有する一時居住者となり、被相続人は外国人被相続人又は非居住被相続人のいずれにも該当しないことから、居住無制限納税義務者に該当し、被相続人から相続した日本国内外にある財産は相続税の課税対象となります。

POINT

被相続人が日本に住所を有し、かつ、外国人被相続人に該当しなければ、相続人が一時居住者であっても、居住無制限納税義務者に該当し、相続した日本国内外にある財産は相続税の課税対象となります。

Q54 非居住無制限納税義務者（1）

私は日本国籍を有していますが、6年前から国外に居住しています。相続により財産を取得しましたが、私は、相続税の納税義務者に該当しますか。

A 相続税の非居住無制限納税義務者に該当し、被相続人から相続した日本国内外にある財産は相続税の課税対象となります。

相続又は遺贈により財産を取得した時において、その財産を取得した者が日本に住所を有していない場合には、その者は、非居住無制限納税義務者又は非居住制限納税義務者のいずれかに区分されます。このうち、その者が日本国籍を有している場合には、相続開始前10年以内のいずれかの時において日本に住所を有していたことがある場合又は相続開始前10年以内のいずれの時においても日本に住所を有していたことがない場合で、被相続人が外国人被相続人（**Q50**参照）又は非居住被相続人（**Q51**参照）のいずれにも該当しない場合には、非居住無制限納税義務者に該当します（相法1の3①二）（**Q48**参照）。

本問では、財産を取得した者は、日本国籍を有し、6年前以前は日本に居住しており、相続開始前10年以内に日本に住所を有していたこととなるため、非居住無制限納税義務者に該当し、被相続人から相続した日本国内外にある財産は相続税の課税対象となります。

POINT

日本を出国した場合でも、10年の間に相続が発生した場合には、非居住無制限納税義務者に該当し、被相続人から相続した日本国内外にある財産は相続税の課税対象となります。

Q55　非居住無制限納税義務者（2）

私は日本国籍を有しておらず、国外に居住しています。日本国籍で日本に居住していた者から相続により財産を取得しましたが、私は、相続税の納税義務者に該当しますか。

A　相続税の非居住無制限納税義務者に該当し、被相続人から相続した日本国内外にある財産は相続税の課税対象となります。

相続又は遺贈により財産を取得した時において、その財産を取得した者が日本に住所を有していない場合には、その者は、非居住無制限納税義務者又は非居住制限納税義務者のいずれかに区分されます。このうち、その者が日本国籍を有していない場合には、被相続人が外国人被相続人（Q50参照）又は非居住被相続人（Q51参照）のいずれにも該当しない場合に限り、その者は非居住無制限納税義務者に該当することとなります（相法1の3①二）（Q48参照）。

本問では、財産を取得した者は日本国籍を有しておらず、被相続人が日本国籍で日本に居住していることから外国人被相続人又は非居住被相続人のいずれにも該当しないため、非居住無制限納税義務者に該当し、被相続人から相続した日本国内外にある財産は相続税の課税対象となります。

POINT

相続人が日本国籍を有さず日本に居住していなくとも、被相続人が外国人被相続人又は非居住被相続人のいずれにも該当しなければ、非居住無制限納税義務者に該当し、被相続人から相続した日本国内外にある財産は相続税の課税対象となります。

Q56 　居住制限納税義務者

私は相続により日本に所在する財産を取得しました。私と被相続人は両名とも、仕事の都合上、「経営・管理」の在留資格を有し一時的に日本に滞在していました。私は、相続税の納税義務者に該当しますか。

A　相続税の居住制限納税義務者に該当し、日本国内にある財産は相続税の課税対象となります。

相続又は遺贈により日本に所在する財産を取得した者で、その財産を取得した時において日本に住所を有する者のうち、居住無制限納税義務者に該当しない者については、居住制限納税義務者に該当します（相法1の3①三）（**Q48**参照）。

本問では、財産を取得した者は「経営・管理」の在留資格を有することから一時居住者に該当し（**Q49**参照）、被相続人も「経営・管理」の在留資格を有することから外国人被相続人に該当するため、財産を取得した者は居住無制限納税義務者には該当しません。したがって、居住制限納税義務者に該当することとなり、日本国内にある財産は相続税の課税対象となります。

POINT

被相続人と相続人の国籍や住所地にかかわらず、日本に所在する財産を相続により取得した場合には、無制限納税義務者、制限納税義務者にかかわらず、日本国内にある財産は相続税の課税対象となります。

Q57 非居住制限納税義務者

私は相続により日本に所在する財産を取得しました。私と被相続人は両名とも、日本国籍を有しておらず、出生から現在（被相続人は相続開始時）まで国外に居住しています。私は、相続税の納税義務者に該当しますか。

A 相続税の非居住制限納税義務者に該当し、日本国内にある財産は相続税の課税対象となります。

相続又は遺贈により日本に所在する財産を取得した者で、その財産を取得した時において日本に住所を有しない者のうち、非居住無制限納税義務者に該当しない者については、非居住制限納税義務者に該当します（相法1の3①四）（Q48参照）。

本問では、被相続人及び財産を取得した者とも日本国籍を有しておらず、また、相続開始時まで日本に住所はなかったことから、被相続人は非居住被相続人に該当し（Q51参照）、財産を取得した者は非居住制限納税義務者に該当することとなり、日本国内にある財産は相続税の課税対象となります。

また、本問とは別のケースですが、財産を取得した者が日本国籍を有している場合であっても、その者が相続開始前10年以内のいずれの時においても日本に住所を有していたことがない場合で、被相続人が外国人被相続人（Q50参照）又は非居住被相続人（Q51参照）のいずれかに該当する場合にも、その者は非居住制限納税義務者に該当し、日本国内にある財産は相続税の課税対象となります。

POINT

　被相続人、相続人のいずれも日本国籍を有さず、かつ、日本に居住したことがなくても、相続により日本国内の財産を取得した場合は、非居住制限納税義務者に該当し、その相続財産は相続税の課税対象となります。

Q58 特定納税義務者

私は相続又は遺贈により財産を取得していませんが、過去に、その被相続人から、贈与により相続時精算課税の規定の適用を受ける財産を取得しています。私は、相続税の納税義務者に該当しますか。

A 相続税の特定納税義務者に該当し、相続時精算課税適用財産として相続税の課税対象となります。

贈与により相続時精算課税の規定の適用を受ける財産を取得した者で、居住無制限納税義務者、非居住無制限納税義務者、居住制限納税義務者、非居住制限納税義務者のいずれにも該当しない者は、特定納税義務者に該当します（相法1の3①五）。

この場合、相続時精算課税適用財産を、被相続人から相続又は遺贈により取得したものとみなして、相続税の計算規定を適用します（相法21の16）。

POINT

相続により財産を取得しなくとも、過去に相続時精算課税の規定の適用を受けている場合には相続税の納税義務者に該当します。

Q59 課税財産の範囲

相続税の納税義務者の区分により、相続税が課される財産の範囲はどのように変わりますか。

A 相続税の納税義務者のうち、無制限納税義務者は、日本国内外の財産に対し相続税が課され、制限納税義務者は、日本国内の財産に対してのみ相続税が課されます。また、特定納税義務者は、相続時精算課税の規定の適用を受けた財産について課されます。

相続税の納税義務者は、居住無制限納税義務者、非居住無制限納税義務者、居住制限納税義務者、非居住制限納税義務者、特定納税義務者の5つに区分されます（Q48参照）。

相続税が課される財産の範囲は、その者が無制限納税義務者と制限納税義務者のいずれに該当するかにより異なります。

居住無制限納税義務者又は非居住無制限納税義務者に該当する者については、その者が相続又は遺贈により取得した財産の全部に対し相続税が課されるので、国内の財産はもちろん、取得した財産が国外に所在する場合であっても、その全部が課税の対象となります（相法2①）。

一方、居住制限納税義務者又は非居住制限納税義務者に該当する者については、その者が相続又は遺贈により取得した財産で国内にあるもの対し相続税が課されるので、国外に所在する財産を取得した場合には、その国外の財産については日本の相続税は課されません（相法2②）。

　なお、特定納税義務者（**Q58参照**）は、相続時精算課税の規定の適用を受けた財産（相続時精算課税適用財産）について相続税の課税対象となります（相法21の16）。

　上記をまとめると、次表のとおりです。

納税義務者の区分	課税財産の範囲		
	日本国内に所在する財産	国外に所在する財産	相続時精算課税適用財産
居住無制限納税義務者	○	○	○
非居住無制限納税義務者	○	○	○
居住制限納税義務者	○	×	○
非居住制限納税義務者	○	×	○
特定納税義務者	—	—	○

POINT

　無制限納税義務者は全世界の財産に課税されますが、制限納税義務者は日本国内の財産にのみ課税されます。

Q60 財産の所在

財産の所在が日本にあるか国外にあるか、どのように判定しますか。

A 財産の種類ごとに所在の判定基準が定められており、それに従って判定します（相法10）。

財産の所在の判定基準のうち、一般的なものは次のとおりです。

ただし、例えば日米租税条約で定められている財産などについては、相続税法10条と判断基準が異なるものがあるため、留意する必要があります。

財産の種類	所在地
動 産	その動産の所在
不動産又は不動産の上に存する権利	その不動産の所在
船舶又は航空機	船籍又は航空機の登録をした機関の所在
鉱業権、租鉱権、採石権	鉱区又は採石場の所在
漁業権又は入漁権	漁場に最も近い沿岸の属する市町村又はこれに相当する行政区画
金融機関に対する預貯金	受け入れをした営業所又は事業所の所在
貸付金債権	債務者の住所又は本店もしくは主たる事務所の所在
社債、株式、外国預託証券	社債、株式、外国預託証券の発行法人の本店又は主たる事務所の所在
集団投資信託又は法人課税信託に関する受益証券	信託の引受けをした営業所又は事務所の所在

営業所又は事業所を有する者のその営業所又は事業所にかかわる営業上又は事業上の権利（売掛金等）	その営業所又は事業所の所在
国債又は地方債	法施行地
外国又は外国の地方公共団体等が発行する公債	外国
生命保険契約又は損害保険契約などの保険金	契約に係る保険会社の本店又は主たる事務所の所在（法施行地に本店又は主たる事務所がない場合において、法施行地にその契約にかかわる営業所又は事務所があるときはその営業所又は事務所の所在）
退職手当金等	支払った者の住所又は本店もしくは主たる事務所の所在（法施行地に本店又は主たる事務所がない場合において、法施行地にその支払いに係る営業所又は事務所があるときは、その営業所又は事務所の所在）
特許権、実用新案権、意匠権、商標権等	その登録をした機関の所在
著作権、出版権、著作隣接権	これらの権利の目的物を発行する営業所又は事業所の所在
上記以外の財産	その財産の権利者であった被相続人又は贈与者の住所

出所：税理士法人チェスター編『海外財産・海外居住者をめぐる相続税の実務』（清文社、2017年）16～17頁

POINT

　動産、不動産などは、その財産の所在場所により所在地を判定しますが、預貯金は受け入れをした営業所の所在場所、社債・株式などはその発行法人の本店の所在場所等により所在地を判定するなど、財産の種類によって所在地の判定が異なるため注意が必要です。

Q61 住所地

納税義務者の区分の判定において、住所地はどのように判断しますか。

A 納税義務者の住所とは、住居、職業、国内において生計を一にする配偶者及びその他の親族を有するか否か、資産の所在等の客観的事実に基づき、総合的に判断します。

1 住所の概念

相続税法においては、「住所」を定義する規定が設けられていません。

なお、相続税法基本通達(1の3・1の4共-5)では、「法に規定する『住所』とは、各人の生活の本拠をいうが、その生活の本拠であるかどうかは客観的事実によって判定する」旨規定されています。この「生活の本拠」については、「その者の生活に最も関係の深い一般的生活、全生活の中心を指すもの」と判示されています[1]。

具体的には、住居、職業、国内において生活を一にする配偶者及びその他の親族を有するか否か、資産の所在等に基づき判定することになります[2]。

---

1 最高裁平成23年2月18日判決
2 神戸地裁昭和60年12月2日判決（控訴審・上告審〔最高裁昭和63年7月15日判決〕にて是認）

② その他住所の取扱い

　相続税法上は、同一人について同時に日本国内に２か所以上の住所はないものとして判断されます（相基通１の３・１の４共 - ５）。

　また、国外勤務者等の住所の判断にあたっては、例えば、留学しているが国内に居住する者の扶養親族となっている者や、国外で勤務しているがその国外での勤務期間が短期間（おおむね１年以内）であると見込まれる者については、その者の住所は日本国内にあるものとして取り扱います（相基通１の３・１の４共 - ６）。

> **POINT**
>
> 　納税義務者の住所は生活の本拠をいい、住居の有無だけで判断するのは危険です。

Q62　国　籍

相続人は、6年前に国外に移住し、相続開始日現在は国内に住所を有しておらず、日本国籍と他国の国籍を有しています。納税義務者の区分の判定において、日本国籍を有している者と判断されるでしょうか。

A 日本国籍と他国の国籍を二重に有する者（重国籍である者）は、納税義務者の区分において、日本国籍を有する者と判定されます。

　日本では、父母のいずれかがその国の国籍を有していれば、その子もその国の国籍を取得できるという考え方を採用しています。重国籍である者も日本国籍を有する者に含まれますが、自己の志望により外国の国籍を取得したときは、日本の国籍を失うこととなります。

　国籍の決定については、国際法上の原則として、各国の国内管轄事項に属するものとされています。日本は、父母両系血統主義を採用しており、これは、父母のいずれかがその国籍を有していれば、その子もその国の国籍を取得できるという主義です（国籍法2）。そのほかには、生地主義があり、これは、その国の領土のなかで生まれた者はその国の国籍を取得できるという主義です。そのため、例えば、生地主義を採用している国で父母両系血統主義を採用している日本の子が生まれたような場合には、いずれの国籍を取得する要件も満たすため、重国籍者となります。このときは、一定の年齢に達するまでに、いずれかの国籍を選択することとなります（国籍法14①）。重国籍者でも、相続税法上は日本国籍を有する者として扱います（相基通1の3・1の4共－7）。

　なお、自己の志望により外国の国籍を取得したときは、日本の国籍を失

うこととなるため、留意が必要です（国籍法11）。

　本問において、相続人は相続開始6年前以前は国内に住所を有していたものと思われ、また、相続開始日においては日本国籍を有していたことから、被相続人の国内住所の有無にかかわらず、非居住無制限納税義務者と扱われ、被相続人から相続した日本国内外にある財産は相続税の課税対象となります。

POINT

　相続人が他国の国籍を有していても、同時に日本国籍を有している限りは無制限納税義務者と扱われ、日本国内外にある相続財産は相続税の課税対象になります。

第**2**章

相続税の課税財産

　相続税の課税財産は相続又は遺贈によって取得した財産ですが、実質的には、相続又は遺贈により取得した財産と同様の効果が認められるものについては、相続又は遺贈により取得した財産とみなして相続税が課税されます。例えば、被相続人の死亡によって相続人が取得する生命保険金や死亡退職金は、民法では被相続人の財産を承継すると考えられませんが、相続税法では課税の公平の観点からみなし相続財産となります。

　本章では、相続税の課税対象となる本来の財産及びみなし相続財産について解説します。

Q63 相続税の課税財産、みなし相続財産、非課税財産

父が亡くなり財産を相続しました。相続税が課税される財産にはどのようなものがありますか。

A 相続税は、相続又は**遺贈**によって取得した財産に課税されます。相続税法では、金銭に見積もることができる経済的価値があるものすべての財産が対象となります。

① 本来の相続財産

相続人は、相続開始の時から、被相続人の一身に専属したものを除き、被相続人の財産に属した一切の権利義務を承継するとされています（民896）。相続税法上、「財産」について明確に定義されていないため、民法等の法律や社会通念によって解釈することになりますが、相続税法基本通達11の2−1において、相続税の課税対象となる財産は、金銭に見積もることができる経済的価値のあるすべてのものが対象となると明らかにされています。経済的価値があるものとは換金性があることであり、換金性のないものは相続税の課税対象とはなりません。

〈相続税の課税対象となる財産〉

　① 不動産や動産の所有権、永小作権、地上権などの物権

　② 預金、貸付金などの債権

　③ 特許権、著作権などの無体財産権

　④ 信託受益権、電話加入権

⑤ 営業権など法律上根拠を有しないものであっても経済的価値が認められるもの

② みなし相続財産

相続税の課税財産は相続又は遺贈によって取得した財産ですが、法律上は相続又は遺贈によって取得したとはいいがたいものの、実質的には、相続又は遺贈により取得した財産と同様の効果が認められるものについては、相続又は遺贈により取得した財産とみなして相続税が課税されます。

〈みなし相続財産に該当するもの〉

① 生命保険金等（相法3①一）

② 退職手当金等（相法3①二）

③ 生命保険契約に関する権利（相法3①三）

④ 定期金に関する権利（相法3①四）

⑤ 保証期間付定期金に関する権利（相法3①五）

⑥ 契約に基づかない定期金に関する権利（相法3①六）

⑦ 特別縁故者が分与を受けた財産（相法4①）

⑧ 特別寄与者が取得した財産（相法4②）

③ 非課税財産

相続税法上は、相続又は遺贈によって取得した財産のうち一定のものについては、社会政策的見地、国民感情の面から相続税を課税しないこととしています（相法12）。

〈非課税財産の具体例〉

① 皇室経済法の規定により皇位とともに皇嗣が受けたもの（相法12①一）

② 墓所、霊びょう及び祭具並びにこれらに準ずるもの（相法12①二）

③ 宗教、慈善、学術その他公益事業を行う一定の者が、相続又は遺贈により取得した財産で公益目的事業に供することが確実なもの（相法12①三）

④ 地方公共団体が精神又は身体に障害がある者に関して実施する共済制度に基づいて支給される給付金を受ける権利（相法12①四）

⑤ 相続人が取得した生命保険金等のうち一定の金額（相法12①五）

⑥ 相続人が取得した退職手当金等のうち一定の金額（相法12①六）

⑦ 国等に対して相続財産を寄附した場合の当該財産（措法70）

POINT

1．相続税の課税財産には本来の財産のほか、生命保険金、死亡退職金などのみなし相続財産も含まれます。

2．相続税の課税対象は経済的価値があるものすべてです。なお、経済的価値があるものとは換金性があることで、換価・処分可能性があるかどうかで判断します。

Q64 生命保険金等の課税の取扱い

夫が亡くなり生命保険金を受け取りました。この生命保険金について相続税が課税されますか。

A 被相続人の死亡により相続人が生命保険契約に基づく保険金を取得した場合には、保険金のうち、被相続人が負担した保険料に相当する部分は、相続により取得したものとみなして相続税が課税されます。ただし、法定相続人の数×500万円までは非課税となります。

① みなし相続財産となる生命保険金等の課税の取扱い

被相続人の死亡により相続人が生命保険契約[1]の保険金又は損害保険契約[2]の保険金[3]を取得した場合においては、その保険金受取人[4]について、当該保険金[5]のうち被相続人が負担した保険料の金額の当該契約に係る被相続人の死亡時までに払い込まれた全額に対する割合に相当する部分を、相続により取得したものとみなし、相続税が課税されます。また、相続人以外の者が取得した場合には、遺贈により取得したものとみなし、相続税が課税されます（相法3①一）。

1　保険業法2条3項に規定する生命保険会社と締結した保険契約（これに類する共済に係る契約を含む）、そのほか相続税法施行令1条の2第1項で定める保険契約をいいます。
2　保険業法2条4項に規定する損害保険会社と締結した保険契約、そのほか相続税法施行令1条の2第2項で定める保険契約をいいます。
3　偶然な事故に基因する死亡に伴い支払われるものに限ります。
4　共済金受取人も含みます。
5　相続税法3条1項2号に掲げる給与及び5号又は6号に掲げる権利に該当するものを除きます。

❷ みなし相続財産の計算

　保険金がみなし相続財産として課税される場合において、被相続人から相続又は遺贈により取得したものとみなされる部分は、次の算式によって計算します。

$$保険金等の額 \times \frac{被相続人が負担した保険料の金額}{被相続人の死亡の時までに払い込まれた保険料の全額}$$

❸ 死亡保険金の非課税限度額

　相続人が相続又は遺贈により取得したとみなされる生命保険金は、次の算式によって計算した額までは非課税となり、非課税限度額を超えるときは、その超える部分が相続税の課税対象となります（相法12①五）。

$$非課税限度額 \ = \ 500万 \ \times \ 法定相続人の数^{(注1)(注2)}$$

（注1）　相続を放棄した相続人がいる場合でも、放棄がなかったものとした場合における法定相続人の数になります（相法15②）。

（注2）　相続人に養子がいる場合、法定相続人の数に含めることができる養子の数は、実子がいるときは1人、実子がいないときは2人までとなります（相法15②）。

　なお、相続人以外の者が取得した死亡保険金には、非課税規定の適用はありません（相基通12-8）。
　また、相続を放棄した者は、生命保険金の非課税規定を適用することができませんが、この場合の放棄した者とは、家庭裁判所で正式に放棄の手

続きを行った者であり、正式な放棄の手続きを踏まずに事実上財産を取得しなかった者は含まれません（相基通3-1）。

❹ 課税関係

死亡保険金の課税関係は、保険料負担者、保険金受取人が誰であるかによって異なります。これをまとめると次のようになります。

【保険事故が発生した場合の課税関係】

保険契約	契約者^(注2)	保険料負担者^(注2)	被保険者^(注2)	受取人^(注2)	課税関係
生命保険契約又は損害保険契約^(注1)	A	A	A	B	①
	B	B	A	B	②
	C	C	A	B	③
	B	A	A	B	④

(注1)　相続税法3条1項1号に規定する保険契約
(注2)　個人に限ります。

（1）課税関係①

Bが相続人の場合には、相続により取得したものとみなし、Bが相続人以外の場合には、遺贈により取得したものとみなし、みなし相続財産として相続税が課税されます。この場合、上記❸の非課税規定が適用されます。

（2）課税関係②

保険料負担者と受取人が同一の場合、Bに対し一時所得が課税されます。

（3）課税関係③

保険料負担者と受取人が異なる場合、CからBへの贈与とされ、みなし贈与財産として贈与税が課税されます。

（4）課税関係④

　契約者と保険料負担者が異なる場合、税務上は実際に保険料を負担していた者が誰かによって、課税関係を判断します。この場合の課税関係は、上記（1）と同様になります。

（5）その他

　受取人に指定されていた者がすでに死亡していた場合、受取人の法定相続人が受取人になります。受取割合は保険契約の約款によって異なるため、必ず保険会社に問い合わせましょう。

　保険証券に記載されている受取人の名義変更がなされなかったなどやむを得ない事情がある場合には、現実に保険金を取得した者を受取人とすることができます（相基通3-12）。

　相続又は遺贈により取得したものとみなされる保険金には、保険金とともに受取人が取得する剰余金、割戻金及び払戻しを受ける前納保険料の額も含まれます（相基通3-8）。

POINT

　生命保険に関しては、「生命保険契約に関する権利（Q66参照）」及び「保証期間付定期金に関する権利（Q67参照）」などに関しても相続財産となるので注意が必要です。

Q65 退職手当金等の課税の取扱い

夫が亡くなり生前に務めていた会社より死亡退職金を受け取りました。
この死亡退職金について相続税が課税されますか。

A 被相続人の死亡により、被相続人の死亡後3年以内に支給が確定した死亡退職金を相続人が受け取った場合には、相続により取得したものとみなして相続税が課税されます。ただし、法定相続人の数×500万円までは非課税となります。

1 みなし相続財産となる退職手当金等の課税の取扱い

被相続人の死亡により相続人等が被相続人に支給されるべきであった退職手当金等[1]で被相続人の死亡後3年以内に支給が確定したものの支給を受けた場合には、その支給を受けた者が相続又は遺贈により取得したものとみなして相続税が課税されます（相法3①二）。

この退職手当金等とは、金銭であるか物等であるかを問わないこととされています（相基通3-24）。

なお、退職手当金等として相続税が課税されるものは、被相続人の死亡後3年以内に支給が確定したものに限られ、3年を経過した後に支給が確定したものについては、一時所得として所得税が課税されます。

また、退職手当金等の支給を受ける者は、一般的に退職給与規定等で定

---

1 退職手当金、功労金その他これらに準ずる給与で相続税法施行令1条の3に規定されるものをいいます。

められていますが、退職給与規定等の定めがない場合には、①退職手当金等を現実に取得した者、②相続人全員の協議により支給を受ける者を定めたときは、その定められた者、③それ以外の場合には、相続人全員が支給を受けた者として相続税が課税されます（相基通3-25）。

2 退職手当金等の非課税限度額

相続人が相続又は遺贈により取得したとみなされる退職手当金等は、次の算式によって計算した額までは非課税となり、非課税限度額を超えるときは、その超える部分が相続税の課税対象となります（相法12①六）。

非課税限度額　＝　500万　×　法定相続人の数

なお、相続を放棄した者が取得した退職手当金等の取扱い、非課税限度額の計算方法は、生命保険金と同様となります。

3 弔慰金等

(1) 退職手当金等の判定

退職手当金等とは、その名義のいかんにかかわらず実質上被相続人の退職手当金等として支給される金品をいいます（相基通3-18）。

実質的に退職手当金等に該当するかどうかは、退職給与規定等の定めがある場合にはその定めにより判定し、退職給与規定等の定めがない場合には、被相続人の地位、功労等を考慮し、被相続人の雇用主等が営む事業と類似する事業において支払われる退職金等を勘案して判定することとされています（相基通3-19）。

（2）弔慰金等

　被相続人の死亡により相続人等が被相続人の雇用主から受け取る弔慰金、花輪代、葬祭費等（以下「弔慰金等」という）については、通常相続税の対象とはなりません。しかし、名目は「弔慰金等」であっても、その支給原因、支給額、算定根拠等から実質的に退職手当金等に該当するものは、退職手当金等として課税されます。

　弔慰金等か退職手当金等か明確でないものは、以下の算式により退職手当金等に該当する額を計算します（相基通3-20）。

(A) － (B) － (C) ＝ (D)

　(A) 弔慰金等の額

　(B) 実質的に退職手当金等に該当するもの（相基通3-18、3-19）

　(C) 業務上死亡の場合は普通給与の3年分相当額、業務上の死亡でない場合には普通給与の半年分相当額

退職金等の額＝(B) ＋ (D)

　なお、労働者災害補償保険法、国家公務員災害補償法、労働基準法、国家公務員共済組合法等の法律の規定により遺族が受け取る弔慰金等については、その支給額が、上記計算式の(C)を超える場合であっても、弔慰金等に該当するものとして相続税は課税されません（相基通3-23）。

POINT

　弔慰金等に該当するか、退職手当金等に該当するかの判定にあたっては、支払通知書、支払調書、給与明細など退職手当金等を支給する会社が発行している資料を相続人に請求し、必ず確認しましょう。

Q66 生命保険契約に関する権利、定期金に関する権利

契約者：妻、被保険者：妻、受取人：夫、という内容の保険契約があり、夫が保険料を負担しています。夫が亡くなった場合、相続税は課税されますか。

A 生命保険契約の契約者である妻以外の夫が保険料を負担していた場合において、保険事故発生前にその保険料負担者である夫が死亡したときには、妻が夫から生命保険契約に関する権利を相続により取得したものとみなして相続税が課税されます。

1 生命保険契約に関する権利

（1）課税の取扱い

相続開始の時において、まだ保険事故[1]が発生していない生命保険契約[2]で被相続人が保険料の全部又は一部を負担し、かつ、被相続人以外の者が当該生命保険契約の契約者である場合、当該契約に関する権利のうち、次の算式によって計算した額を、当該契約者が相続又は遺贈によって取得したものとみなして相続税が課税されます（相法3①三）。

なお、相続財産とみなされる生命保険契約に関する権利には、返還金等の支払いがない、いわゆる掛け捨て保険に係るものは除かれます。

1　共済事故を含みます。
2　一定期間内に保険事故が発生しなかった場合において返還金その他これに準ずるものの支払いがない生命保険契約を除きます。

$$(A) \times \frac{(B)}{(C)}$$

(A) 当該契約に関する権利の額

　　（権利の評価方法は、財産評価基本通達214に規定されている）

(B) 被相続人が負担した保険料の額

(C) 相続開始日までに払い込まれた保険料の全額

※本件の契約関係において、保険金受取人が死亡した場合には課税関係が発生しません。保険金受取人は、保険事故の発生により保険金を取得しますが、保険事故発生前では、契約者がいつでもその契約を解除し、受取人を変更することができるため、受取人の地位はきわめて不安定であり、何ら課税関係が生じる余地がないからです（相基通3-34）。

（2）みなし相続財産となる理由

　保険契約上は、契約者が受取人の指定や契約の解除等を自由に行える立場にあるため、保険契約に関する権利を取得している者と考えられます。生命保険契約の契約者及び被保険者が相続人であり、かつ、被相続人が保険料を負担している場合、被相続人の死亡により死亡保険金の支払いはありませんが、契約者の保険契約に関する権利は実質的にも確定的なものになり、ただちに返還金等の支払いを受けることが可能となります。よって、契約者である相続人は、被相続人の死亡時にその権利を相続によって取得したものとみなすとされています。

（3）被相続人が保険契約者であり、かつ、保険料負担者である場合

　生命保険契約の保険事故発生前に保険契約者が死亡した場合で、当該保険契約者が保険料を負担していた場合には、その生命保険契約に関する権利は、本来の相続財産を構成することになります（相基通3-36（1））。

　本来の相続財産となるため、他の不動産等の遺産と同様に遺産分割協議の対象となります。

生命保険契約に関する権利	保険事故発生前かつ被相続人が保険料を負担	契約者＝被相続人以外	みなし相続財産（相法3①三）
		契約者＝被相続人	本来の相続財産（相基通3-36）

❷ 定期金に関する権利

（1）課税の取扱い

　相続開始時において、定期金給付事由が発生していない定期金給付契約（生命保険契約を除く）で被相続人が掛金又は保険料の全部又は一部を負担し、かつ、被相続人以外の者が当該定期金給付契約の契約者である場合には、次の算式によって計算した額を、当該契約者が相続又は遺贈によって取得したものとみなして相続税が課税されます（相法3①四）。

$$(A) \times \frac{(B)}{(C)}$$

　　（A）当該定期金に関する権利の額

　　　　（権利の評価方法は、相続税法25条に規定されている）

　　（B）被相続人が負担した保険料の額

　　（C）相続開始日までに払い込まれた保険料の全額

　定期金給付契約とは一般的には年金形式で受領する契約を意味します。通常、定期金給付契約には生命保険契約が含まれますが、生命保険契約に該当する場合には、上記❶によることになります。

（2）みなし相続財産となる理由

上記❶の生命保険契約に関する権利と同様になります。

POINT
被相続人が被保険者ではない生命保険契約であっても、その保険料を負担していた場合は、相続税の課税対象となります。

Q67 保証期間付定期金に関する権利、契約に基づかない定期金に関する権利

夫が生命保険契約に基づき年金を受け取っていました。夫の死後、継続受取人である妻が年金を受け取ることになります。

また、夫は勤務していた会社を生前に退職し、退職金を年金形式で受け取っていました。夫の死後、継続受取人である妻が退職金を年金形式で受け取ることになります。これらの契約について相続税は課税されますか。

A 継続受取人である妻に対し、生命保険契約に基づいて受け取る年金について相続税が課税されます。また、生前に夫が年金形式で受給を受けていた退職金についても、継続受取人である妻に対し、相続税が課税されます。

❶ 保証期間付定期金に関する権利

(1) 課税の取扱い

定期金給付契約で定期金受取人に対しその生存中又は一定期間にわたり定期金を給付し、かつ、その者が死亡したときにはその死亡遺族等に対して定期金又は一時金を給付するものに基づいて、被相続人の死亡後、相続人等が定期金又は一時金受取人となった場合には、次の算式によって計算した金額を、相続又は遺贈によって取得したものとみなします（相法3①五）。

$$(A) \times \frac{(B)}{(C)}$$

（A）定期金給付契約に関する権利の額

　　（権利の評価方法は、相続税法24条に規定されている）

（B）被相続人が負担した保険料の額

（C）相続開始日までに払い込まれた保険料の全額

（2）みなし相続財産となる理由

　生命保険金について課税する理由と同様に、本来は定期金給付契約に基づいて継続受取人となった者に年金が支払われるものであり、被相続人の相続等により取得するものではありませんが、経済的実質に着目して被相続人から相続等より取得したものとみなして相続税を課税することになります。

（3）課税関係のまとめ

　保証期間付定期金には、保証据置年金契約[1]又は保証期間付年金保険契約[2]があり、個人年金保険にこのようなタイプが多くみられます。これらの年金給付事由が発生した後、保証期間内に年金受取人が死亡した場合の課税関係をまとめると次のようになります（相基通3 -45）。

　① 年金受取人＝保険料負担者の場合

　　　年金継続受取人が、定期金に関する権利を、相続又は遺贈によって取得したものとみなされます。

1　年金受取人が年金支払年齢に達した日から死亡に至るまで年金の支払いをするほか、一定の期間内に年金受取人が死亡した場合には、その残存期間中年金継続受取人に継続して年金を支払うもの

2　保険事故が発生した場合に保険金受取人に年金の支払いをするほか、一定の期間内に保険金受取人が死亡した場合には、その残存期間中継続受取人に継続して年金の支払いをするもの

②　年金受取人≠保険料負担者の場合

　　年金継続受取人が、定期金に関する権利を、保険料負担者より贈与によって取得したものとみなされます。

③　継続年金受取人＝保険料負担者の場合

　　課税関係は生じません。

2 契約に基づかない定期金に関する権利

（1）課税の取扱い

　被相続人の死亡により相続人等が定期金（これに係る一時金も含む）に関する権利で契約に基づくもの以外のもの[3]を取得した場合においては、当該定期金に関する権利を取得した者について、定期金に関する権利[4]を相続財産とみなし、相続税が課税されます（相法3①六）。

（2）みなし相続財産となる理由

　上記（1）の定期金に関する権利は、相続の効果として被相続人から承継するものではなく、法律、条令、就業規則等の規定など契約以外の事由によって相続人等が取得するものですが、実質的には相続財産を取得したことと同様であると考えられるため、みなし相続財産として相続税が課税されます。

（3）契約に基づかない定期金に関する権利に該当するもの

　次の2つのケースが考えられます。

①　被相続人の死亡により原始的に遺族等が取得する場合

　　国家公務員共済組合法の規定による遺族年金、地方公務員等共済組合法の規定による遺族年金、厚生年金保険法の規定による遺族年金等

3　恩給法（大正12年法律第48号）に規定する扶助料に関する権利を除きます。
4　相続税法3条1項2号に掲げる給与に該当するものを除きます。

が該当します。ただし、これらの法律により非課税規定が設けられているため、相続税は課税されません（相基通3-46）。

② 契約に基づかない権利が保障期間付きであるため、定期金受取人である被相続人の死亡により、継続受取人が定期金を受け取る権利を取得する場合

　例えば、適格退職年金等は、事業主と保険（信託）会社との契約で、従業員又はその遺族とは契約がないことから、保証期間中に退職者が死亡し、相続人等が残存保証期間中の定期金を受給した場合、継続受取人が取得した受給権は、契約に基づかない権利とされます（相基通3-29）。

　なお、被相続人の死亡により、定期金等の方法で支給される退職手当金等については、相続税法3条1項2号に規定する退職手当金等として相続税が課税されます（相基通3-47）。

　例えば、次のようなものが該当します。

・会社の役員が死亡退職し、株主総会等の決議により受け取る死亡退職金等で、定期金等の方法で支給されるもの

・従業員の死亡により遺族が取得する適格退職年金等で、定期金等の方法で支給されるもの

POINT

　定期金給付事由が発生している保険契約で継続受取人が指定されているものは、みなし相続財産に該当するため遺産分割協議の対象にはなりません。誤って遺産分割協議の対象とし、継続受取人に指定されている者以外の者が取得するという内容の遺産分割協議書を作成しないようにしましょう。

Q68 特別縁故者・特別寄与者に係る課税関係

甲の特別縁故者として財産分与を受けました。これらの財産について相続税が課税されますか。その場合の計算方法を教えてください。

甲の相続開始日　令和 XX 年 X 月 X 日　相続税評価額 1 億円
財産分与日　　　令和 YY 年 Y 月 Y 日　分与時の価額1.5億円

A 　特別縁故者が財産分与を受けた場合には、被相続人から遺贈により取得したものとみなして相続税が課税されます。相続税は、令和 XX 年 X 月 X 日における相続税法の規定に基づき、財産分与日である令和 YY 年 Y 月 Y 日おける分与時の価額により計算することになります。

1 特別縁故者に対する相続財産の分与

(1) 特別縁故者への財産分与のみなし相続

相続人がいることが明らかでない場合には、被相続人の相続財産は、法人（相続財産法人）となります（民951）。この相続財産は、一定の手続きをもとに被相続人の療養看護に努めた者等の特別縁故者に分与されることがあります（民958の3）。このような制度が、遺言の補充のために設けられたことに対し、相続税法においては、被相続人から遺贈により取得したものとみなして相続税が課税されます（相法4①）。

(2) 課税関係

一般的に相続税においては、課税時期である相続開始日と課税財産の評価時点は一致しますが、特別縁故者に対する財産分与に係る課税時期は相

続開始日であり、課税財産の評価時点は財産分与時と規定されています（相法4①）。なお、基礎控除額や税率等は、相続開始日における規定に基づき計算することになりますが、財産の価額は、分与時における時価となります。この場合、特別縁故者の基礎控除額は3,000万円となりますので、3,000万円以上の財産を取得した場合には、相続税の課税対象となる可能性があるため注意が必要です。また、2割加算の対象となります。

　また、相続税の申告は、財産分与を知った日の翌日から10か月以内に行う必要があります（相法29①）。

（3）財産分与額の計算

❶ 被相続人の葬儀費用等の支払い

　　財産分与を受けた者が被相続人の葬儀費用や療養看護のための入院費等を負担していた場合で、相続財産法人の財産から弁済を受けていないときは、相続税の計算上、財産分与の価額からこれらの費用の金額を控除することができます（相基通4-3）。

❷ 分与財産に加算する贈与財産

　　財産分与を受けた者が、被相続人から相続開始日前3年以内に、被相続人から贈与を受けた財産がある場合には、相続税法19条（相続開始前3年以内に贈与があった場合の相続税課税価額への加算）の規定の適用があります（相基通4-4）。

❷ 特別寄与者が支払いを受けるべき特別寄与料の額が確定した場合

　相続税法上、遺贈により取得したものとみなす場合には、上記❶のほか、特別寄与者が特別寄与料の支払いを受けた場合も該当します。

（1）概　要

　被相続人に対し無償で療養看護等したことにより被相続人の財産の維持又は増加に特別の寄与をした親族（相続人を除く。以下「特別寄与者」という）

は、相続開始後、相続人に対し寄与に応じた額の金銭の支払いを請求でき
ます（民1050）。

　この特別寄与料は、被相続人から相続又は遺贈により取得した財産では
ありませんが、相続税法上、被相続人から特別寄与者に対する遺贈とみな
され、相続税が課税されることになります（相法4②）。

（2）課税関係

　特別寄与者は法定相続人ではないため、基礎控除の計算上の「法定相続
人の数」には含まれず、相続税の総額を計算する際の法定相続分も考慮し
ません。

　なお、特別寄与者は、相続税額の計算上、2割加算の適用があり、特
別寄与料の支払額が確定したことを知った日の翌日から10か月以内に申
告をする必要があります（相法29①）。

　特別寄与者の相続税の申告期限は、特別寄与料の支払いが確定したこと
を知った日の翌日から10か月以内です。ただし、特別寄与者が特別寄与
料以外に遺贈によって取得した財産がある場合には、本来の相続税の申告
期限内に、特別寄与料以外の財産を申告し、特別寄与料が確定した段階
で、確定したことを知った日の翌日から10か月以内に修正申告を行う必
要があります（相法31②）。

　また、特別寄与料を支払うことになった相続人は、特別寄与料の支払額
が確定したことを知った日の翌日から4か月以内に更正の請求をするこ
とができます（相法32①七）。

POINT

　**特別縁故者及び特別寄与者が得た財産は、相続税の課税対象となり
ます。なお、特別縁故者に係る課税財産の評価時点や相続税の申告期
限、特別寄与者に係る相続税の申告期限は、本来の相続税の申告期限
と異なります。**

第 **3** 章

相続税の計算
（含む特例）

相続税は相続財産等を取得した相続人及び受遺者に対して課税され
ますが、その前提として、まず、被相続人が残した財産をもとに「相
続税の総額」を算出します。その「相続税の総額」に、課税価額
の合計額に占める各人が取得した課税価格の割合を乗じて各人の相
続税額を算出し、さらに、その相続税額から配偶者の相続税額の軽
減・未成年者控除等の各種控除（相続人・受遺者が一定の要件に該当す
る場合には、相続税額の 2 割加算）を適用し、最終的な各人の納付すべ
き相続税額を算出することになります。

本章では、相続税の計算（含む特例）について解説します。

Q69 相続税の計算

相続税はどのように計算するのでしょうか。その計算方法について教えてください。

A 相続税は、相続や遺贈によって取得した財産及び相続時精算課税の適用を受けて贈与により取得した財産の価額の合計額（債務などの金額を控除し、相続開始前3年以内の贈与財産を加算）が基礎控除額を超える場合にその超える部分に対し課税されます。

❶ 相続税の計算方法

相続又は遺贈により財産を取得した各人の相続税額は、「相続税の総額」に課税価格の合計額に占める各人の課税価格の割合を乗じて算出された金額となります（相法17）。この各人が実際に納める相続税額を算出するもととなる相続税の総額は、次の計算方法により算出します（相法16）。

❷ 各人の課税価格の計算

相続や遺贈、相続時精算課税に係る贈与によって財産を取得した人ごとに各人の課税価格を計算します。

$$\left(\begin{matrix}\text{相続や遺贈によって}\\\text{取得した財産の価額}\end{matrix} + \begin{matrix}\text{相続時精算課税}\\\text{適用財産の価額}\end{matrix} - \begin{matrix}\text{債務・葬式費用}\\\text{の金額}\end{matrix}\right) + \begin{matrix}\text{相続開始前3年以内}\\\text{の贈与財産の価額}\end{matrix} = \text{各人の課税価格}$$

（注1）「相続や遺贈によって取得した財産の価額」には、みなし相続財産の価

額が含まれ、非課税財産の価額が除かれます。

(注2)　「債務・葬式費用の金額」を差し引いた結果、赤字のときは「0」とし、そのうえで「相続開始前3年以内の贈与財産の価額」を加算します。

❸ 課税遺産総額の計算

課税遺産総額は、上記❷で計算した各人の課税価格の合計額から遺産に係る基礎控除額を差し引いて計算します。

課税価格の合計額　−　遺産に係る基礎控除額　＝　課税遺産総額
(注)　遺産に係る基礎控除額＝3,000万円＋（600万円×法定相続人の数）

❹ 相続税の総額の計算

相続税の総額の計算は、まず、相続人等が遺産を実際にどのように分割したかに関係なく、「法定相続人の数」に算入された相続人が上記❸の課税遺産総額を法定相続分に応じて取得したものと仮定し、（下図では、配偶者と子2人を相続人としている）、各人ごとの取得金額を計算します。

次に、この各人ごとの取得金額にそれぞれ相続税の税率を乗じた金額（法定相続分に応じる税額）を計算し、その各人ごとの金額を合計します。この合計した金額を相続税の総額といいます。

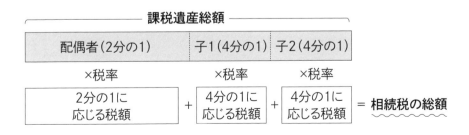

（1）法定相続人の数

「法定相続人の数」とは　相続税法15条2項に規定する「相続人の数」のことをいい、民法の規定による「相続人の数」と次の点で異なっています（相法15②）。

① 相続の放棄があった場合には、その放棄がなかったものとする。

② 被相続人に養子がいる場合には、次の区分に応じて、「法定相続人の数」に算入する養子の数が次の人数に制限される。

　イ　被相続人に実子がいる場合 1 人

　ロ　被相続人に実子がいない場合　2 人

　　この場合、次の者は実子とみなしてイ又はロの数を計算する（相法15③、相令3の2）。

　　・特別養子縁組（民817の2①）による養子となった者

　　・配偶者の実子で被相続人の養子となった者

　　・配偶者の特別養子縁組による養子となった者で被相続人の養子となった者

　　・実子等の代襲相続人

（2）法定相続分

法定相続分とは、民法900条及び901条に規定される相続分です。

		相続人	法定相続分
被相続人に	子がいる場合	配偶者	2 分の 1
		子	2 分の 1
	子がいない場合	配偶者	3 分の 2
		父母	3 分の 1
	子も父母もいない場合	配偶者	4 分の 3
		兄弟姉妹	4 分の 1

（注）子、父母、兄弟姉妹がそれぞれ 2 人以上あるときには、それぞれの相続分は均等になります。

（3）相続税の税率（相続税の速算表）

法定相続分に応ずる取得金額	税　率	控除額
1,000万円以下	10%	―
3,000万円以下	15%	50万円
5,000万円以下	20%	200万円
1億円以下	30%	700万円
2億円以下	40%	1,700万円
3億円以下	45%	2,700万円
6億円以下	50%	4,200万円
6億円超	55%	7,200万円

【相続税の総額の算出例】

（例）　課税価格の合計額が1億円、法定相続人が配偶者と子2人の場合

1億円（課税価格の合計額）－4,800万円（遺産に係る基礎控除額）＝5,200万円（課税遺産総額）

・配偶者（法定相続分2分の1）2,600万円　×15％　－50万円　＝340万円……①

・子（法定相続分4分の1）1,300万円　×15％　－50万円　＝145万円……②

①＋②×2＝630万円……相続税の総額

5 各人の納付すべき相続税額又は還付される税額の計算

　相続税の総額を課税価格の合計額に占める各人の課税価格の割合であん分して計算した金額が各人ごとの相続税額となります。

　なお、相続や遺贈、相続時精算課税に係る贈与によって財産を取得した人が、被相続人の一親等の血族（代襲して相続人となった直系卑属を含む）及び配偶者以外の人である場合には、その人の相続税額にその相続税額の２割に相当する金額が加算されます。

POINT

　相続税の総額は、課税遺産総額を法定相続分に応じて取得したものと仮定して算出しますが、各人が納付すべき相続税額は各人の課税価格の合計額に対する割合に応じて算出します。

Q70 債務控除

相続税の課税価格の計算上、債務や葬式費用等は相続財産から控除できるそうですが、その概要について教えてください。

A 相続税の課税価格の計算上、相続人又は包括受遺者が負担した債務の金額及び葬式費用は、取得財産の価額から控除します。

1 債務控除とは

　相続税は、相続又は遺贈により受けた財産にその担税力を求めて課税される税金ですから、その財産の取得者が被相続人の債務を承継して負担するとき、又は被相続人の葬式に要した費用を負担するときは、その負担分だけ相続又は遺贈により受けた財産の額が減少することになります。そこで、相続税法は、当該債務等を相続又は遺贈により取得した財産の価額から控除して相続税の課税価格を計算することとしています。

2 債 務

　相続税の課税価格の計算上、相続人又は包括受遺者が負担した債務の金額は、取得財産の価額から控除します（相法13）。

（1）債務控除の対象となる債務

① 相続人又は包括受遺者が承継した債務であること（相法13①）

② 被相続人の債務で相続開始の際、現に存するもの（借入金、未払金及び公租公課など）であること（相法13①）

③ 確実と認められるものであること（相法14①）

（注）被相続人の公租公課は、その死亡時に納税義務が確定しているもののほか、被相続人の死亡後相続税の納税義務者が納付し、又は徴収されることとなった被相続人の所得に対する所得税額等です。ただし、相続人の責めに帰すべき事由により納付し、又は徴収されることとなった延滞税、加算税などの附帯税は除きます（相令3）。

（2）債務控除の対象とならない債務

①墓所、霊びょう及び祭具並びにこれらに準ずるもの、②宗教、慈善、学術その他公益を目的とする事業の用に供する財産は、相続税の非課税財産となります。したがって、これらの取得、維持又は管理のために生じた債務の金額は、債務控除の対象にはなりません（相法13③）。

例えば、被相続人が生前に購入した墓碑の未払代金は、債務控除の対象とはなりません。

3 葬式費用

葬式費用は、相続税の課税価格の計算上、相続人又は包括受遺者が負担したものを、取得価格の金額から控除します（相法13①二）。

葬式費用は、本来、遺族が負担すべきものであり控除できないのではないかとも考えられますが、相続においては必然的な出費であることなどが考慮され、取得価格の金額から控除することとされています。

（1）債務控除の対象となる葬式費用（相基通13-4）

① 葬式若しくは葬送に際し、又はこれらの前において、埋葬、火葬、納骨又は遺がい若しくは遺骨の回送その他に要した費用（仮葬式と本葬式とを行うものにあっては、その両者の費用）

② 葬式に際し、施与した金品で、被相続人の職業、財産その他の事情に照らして相当程度と認められるものに要した費用

③ ①又は②に掲げるもののほか、葬式の前後に生じた出費で通常葬式
　に伴うものと認められるもの

④ 死体の捜索又は死体若しくは遺骨の運搬に要した費用

（2）**葬式費用には該当しないもの**（相基通13-5）

① 香典返れい費用

② 墓碑、墓地の購入費及び墓地借入料

③ 初七日、その他法要のための費用

④ 医学上、裁判上など特別の処置に要した費用

POINT

1　住宅ローンは金融機関からの借入金であるため債務として控除
できます。しかし、**団体信用保険の付された住宅ローンは、債務
者（被相続人）の死亡により支払われた保険金でその債務が補填
されることになるため、債務控除の対象とはなりません。**

2　**制限納税義務者**（Q48参照）は、控除できる債務の範囲が制限さ
れているほか、葬式費用についても控除対象となりません。

Q71　相続開始前 3 年以内加算

相続開始前 3 年以内の贈与については、相続財産に加算になると聞きましたが、その具体的な計算方法について教えてください。

A 相続又は遺贈により財産を取得した者が、その相続の開始前 3 年以内にその相続に係る被相続人から贈与によって財産を取得したことがある場合には、その取得した財産の価額を相続税の課税価格に加算した価格を相続税の課税価格とみなして、相続税の総額や各相続人等の相続税額を計算します。

1 制度の概要

被相続人から相続や遺贈、相続時精算課税に係る贈与によって財産を取得した人が、その相続開始前 3 年以内（死亡の日からさかのぼって 3 年前の日から死亡の日までの間）に、暦年課税に係る贈与によって取得した財産があるときには、その人の相続税の課税価格に贈与を受けた財産の贈与の時の価額が加算されます。

なお、加算された贈与財産の価額に対応する贈与税の額は、加算された者の相続税の計算上控除されることになります。

② 贈与により取得した財産の価額

　相続税の課税価格に加算される財産の価格は、その財産に係る相続開始時の価額ではなく、贈与の時における価額によります（相基通19-1）。

　ただし、被相続人から暦年課税に係る贈与によって取得した財産であっても特定贈与財産に該当する部分の価額は、相続税の課税価格に加算されません（相法19、相令4②）。

　この特定贈与財産とは、被相続人の配偶者（贈与の時において被相続人との婚姻期間が20年以上である配偶者に限る）が、贈与によって取得した居住用不動産又は金銭で、次に掲げる区分に応じ、それぞれに掲げる部分をいいます。

①　その贈与が相続開始の年の前年、前々年又は前々々年にされた場合で、その贈与につき贈与税の配偶者控除の適用を受けているときには、その財産のうち適用を受けた贈与税の配偶者控除額に相当する部分

②　その贈与が相続開始の年にされた場合で、その配偶者が被相続人からの贈与についてすでに贈与税の配偶者控除の適用を受けている者でないときには、その財産について贈与税の配偶者控除の適用があるものとした場合にその控除額（2,000万円が限度）に相当する部分としてその者が選択した部分

③ 相続開始前3年以内とは

　その相続の開始の日からさかのぼって3年目の応当日からその相続開始の日までの間をいいます。

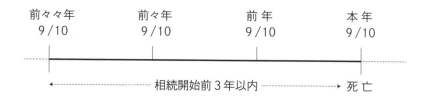

4 暦年課税分の贈与税額控除

　相続や遺贈、相続時精算課税に係る贈与により財産を取得した者が、相続開始前3年以内に被相続人から贈与を受けていた財産の価額は、その者の相続税の課税価格に加算して相続税を計算することから、加算した贈与財産に課税されていた贈与税相当額を算出税額（相続税額の2割加算適用がある場合には、2割加算をした後の税額）から控除します。これは、贈与財産に課された贈与税と相続税の課税価格への加算による相続税との二重課税を排除するためのものです（相令4、相基通19-1～7）。

POINT

　贈与税の基礎控除額110万円以下の贈与財産や死亡した年に贈与されている財産も、相続開始前3年以内加算の対象となります。

Q72　相続税の 2 割加算

　算出された相続税額に 2 割相当額を加算する場合があるとのことですが、どのようなケースか教えてください。

A　被相続人から相続や遺贈、相続時精算課税に係る贈与によって財産を取得した人が、被相続人の一親等の血族及び配偶者以外の人である場合には、その人の相続税額にその相続税額の100分の20に相当する金額が加算されます。

1　制度の概要

　被相続人から相続又は遺贈により財産を取得した者が被相続人との血縁関係の薄い者である場合やまったく血縁関係がない者である場合には、その財産の取得には偶然性が強く、また、被相続人が子を越えて孫に財産を遺贈する場合には、相続税の課税を 1 回免れることになるため、これらの者に対しては、算出税額にその 2 割相当額を加算した金額をもってその者の納付すべき相続税額とされます（相法18）。

2　加算の対象者

　次のいずれかに該当する者以外の者が 2 割加算の対象者となります。
① 被相続人の一親等の血族
　・被相続人の直系卑属が相続開始以前に死亡し、又は相続権を失ったため、代襲相続人となった当該被相続人の直系卑属を含みます（相法18①カッコ書）。

・被相続人の直系卑属（代襲相続人である者を除く）が被相続人の養子となっている場合のその養子（民法上被相続人の一親等の法定血族に該当する）は含まれません（相法18②）。

② 被相続人の配偶者

3 加算額

その者の算出税額の100分の20に相当する金額です。

なお、相続開始の時において上記❷①の「一親等の血族」に該当しない者が、相続時精算課税適用者である場合は、被相続人の一親等の血族であった期間内に被相続人からの贈与により取得した相続時精算課税の適用を受ける財産に対応する相続税額については、加算の対象となりません（相法21の15②、21の16②、相令5の2、相基通18-1～5）。

【配偶者・一親等の血族】

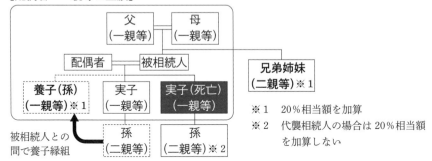

※1　20％相当額を加算
※2　代襲相続人の場合は20％相当額を加算しない

被相続人との間で養子縁組

POINT

孫への相続は、その孫が代襲相続人であれば2割加算の対象にはなりませんが、その孫の親である実子が生存している場合には、孫を養子にしたとしても2割加算の対象となります。

Q73 配偶者の相続税額の軽減

夫婦間の相続においては、相続税は課税されないのでしょうか。

A
配偶者が取得した遺産額について、配偶者の税額軽減を利用した場合、法定相続分相当額か1億6,000万円のいずれか多い金額まで、相続税はかかりません。

① 制度の概要

被相続人の配偶者については、その課税価格が、課税価格の合計額のうち配偶者に係る法定相続分相当額までである場合、又は、1億6,000万円以下である場合には、税額控除により納付すべき相続税額が算出されない「配偶者に対する相続税額の軽減」制度が適用できます（相法19の2①）。

この制度は、①配偶者による財産の取得は、同一世代間の財産移転であり、遠からず次の相続が生じて、その際、相続税が課税されることになるのが通常であること、②長年共同生活を営んできた配偶者に対する配慮、③遺産の維持形成に対する配偶者の貢献等を考慮して設けられています。

ただし、配偶者が隠蔽仮装行為に基づき相続税の申告をしていた（又はしていなかった）場合には、その隠蔽仮装行為による部分については、この制度は適用されません（相法19の2⑤⑥）。

② 適用対象となる配偶者

この軽減措置の適用を受けられるのは、被相続人の配偶者であり、無制

限納税義務者、制限納税義務者の別を問いません。また、配偶者が相続を放棄しても適用があります。

なお、この配偶者は、法律上の婚姻の届出をした者に限られるため、いわゆる内縁の配偶者には適用はありません。

③ 軽減される配偶者の相続税額の算式

軽減される配偶者の相続税額は次の算式によります。

$$相続税の総額 \quad \times \quad \frac{次の（イ）又は（ロ）のうちいずれか少ない金額}{課税価格の合計額}$$

（イ）課税価格の合計額に配偶者の法定相続分（相続の放棄があった場合には、その放棄がなかったものとした場合の相続分）を乗じた金額又は1億6,000万円のいずれか多い金額

（ロ）配偶者の課税価格

④ 適用を受けるための手続き

配偶者に対する相続税額の軽減の適用を受けるには、納付すべき税額の有無に関係なく、相続税の申告書（期限後申告書及び修正申告書を含む）又は更正の請求書を提出することが必要となります（相法19の2③）。

なお、配偶者の税額軽減制度は、原則として申告期限までに遺産分割などにより配偶者が実際に取得したものに限って適用されます。遺産分割協議がととのわず、対象財産が未分割の場合には、本制度は適用できません。

ただし、申告期限までに遺産分割が行われなかった場合であっても、「申告期限後3年以内の分割見込書」を提出し、3年以内に遺産分割が行われた場合には、その分割が行われた日の翌日から4か月以内に、更正

の請求を行うことによって配偶者に対する相続税の税額軽減の制度を適用することができます。

　また、申告書の提出期限から3年以内に遺産の分割がされなかったことについて、やむを得ない事情がある場合には、「遺産が未分割であることについてやむを得ない事由がある旨の承認申請書」を3年を経過する日の翌日から2か月以内に税務署長に提出し、その事情がなくなった日の翌日から4か月以内に遺産分割し、更正の請求を行うことによって配偶者に対する相続税の税額軽減の制度を適用することができます（相法19の2②、相令4の2、相基通19の2-1～19）。

POINT

　配偶者の税額軽減は1億6,000万円又は法定相続分まで相続税がかからないことから、遺産の大部分を配偶者に相続させてしまうと、その配偶者が亡くなった際の二次相続での相続税の負担が高額になってしまう可能性があります。

　二次相続を含めた相続税の負担軽減を検討する場合には、配偶者の税額軽減、小規模宅地等の特例、配偶者居住権などの各制度の適用関係を考慮して検討することが重要です。

Q74 未成年者控除

相続や遺贈によって財産を取得した人の中に未成年者がいる場合の優遇措置について教えてください。

A 相続人が未成年者のときは、相続税の額から18歳に達するまでの年数につき10万円を乗じた金額を、未成年者控除として相続税額から差し引くことができます。

❶ 制度の概要

相続又は遺贈により財産を取得した者のうちに未成年者があるときは、その未成年者の納付すべき相続税額は、その未成年者の年齢に応じて、算出税額から一定額を控除します（相法19の3）。

❷ 適用対象者

次の要件を満たす場合、未成年者控除を適用することができます。
① 居住無制限納税義務者又は非居住無制限納税義務者であること
② 被相続人の法定相続人であること
③ 18歳未満であること
　（令和4年3月31日以前の相続又は遺贈については20歳未満）

なお、未成年者が相続を放棄した場合であっても、遺贈により財産を取得しているときはその適用を受けられます（相基通19の3-2）。

❸ 控除額

控除額は次のように計算します。

（18歳－相続開始時の年齢）×10万円＝未成年者控除額

　控除される未成年者控除額は、その未成年者控除が18歳に達するまでの年数につき10万円を乗じて計算します。なお、その年数が１年未満であるとき、又は１年未満の端数があるときは、これを１年として計算します（相法19の３①）。

　(計算例) 相続開始時の年齢　10歳３か月とすると、

　　18歳－10歳３か月＝７年９か月　→８年となります。

　　控除額は、10万円×８年＝80万円となります。

❹ 控除の方法

（1）未成年者の相続税額からの控除

　この控除は、まず、未成年者の相続税額（相続税額の２割加算をし、贈与税額控除及び配偶者に対する相続税額の軽減後の相続税額をいう）から控除します。

（2）扶養義務者の相続税額からの控除

　未成年者控除額が、その未成年者の相続税額より多いため、その未成年者の相続税額から控除しきれない場合には、その控除しきれない部分の金額は、その未成年者の扶養義務者で、同一の被相続人から相続や遺贈により財産を取得した者の相続税額から控除できます（相法19の３②）。

　この場合の扶養義務者とは、配偶者並びに民法877条の規定による直系血族及び兄弟姉妹並びに家庭裁判所の審判を受けて扶養義務者となった三親等内の親族をいいます（相基通１の２-１）。

　その控除を受けることができる扶養義務者が2人以上ある場合におい
て、各扶養義務者が控除を受けることができる金額は、次の①又は②の金
額です（相令4の3）。

①　扶養義務者の全員が、協議によりその全員が控除を受けることがで
きる金額の総額を各人ごとに配分して、それぞれの控除を定めてそ
の控除を受ける金額を相続税の申告書に記載した場合には、その申
告書に記載した金額

②　①以外の場合には、扶養義務者の全員が控除を受けることができる
金額の総額をその扶養義務者の相続税額の比によってあん分して計
算した金額

　なお、未成年者控除は、その未成年者が相続又は遺贈により財産をまっ
たく取得していない場合には適用を受けることができません。しかし、そ
の未成年者が財産を取得している場合には、未成年者控除前の税額がゼロ
のときであっても、未成年者控除額は、その者の扶養義務者の相続税額か
ら控除することができます（相基通19の3-4）。

❺ 特別代理人

　未成年者が相続人にいる場合には、判断能力が十分でないため、単独で
は、遺産分割協議に参加できません。必ず「特別代理人」を選定しなけれ
ばなりません。例えば、父親が亡くなった場合、未成年者の代理人は母親
ですが、相続では、母親と子どもは同じ相続人という立場であり、利益相
反関係にあるため、母親はその子の代理をすることはできません。この場
合には、その未成年者のために「特別代理人」を選任しければなりませ
ん。特別代理人を立てるには、親権者が家庭裁判所へ申立てをする必要が
あります。

　なお、２度目の相続税申告における未成年者控除については、**Q78**を参照ください。

POINT
未成年者控除は法定相続人であることが要件となっていますので、相続人でない孫が遺贈により財産を受け取った場合には適用できません。

Q75 障害者控除

相続や遺贈によって財産を取得した人の中に障害者がいる場合の優遇措置について教えてください。

A 障害を抱える85歳未満の相続人は、その相続税の額からその障害の程度に応じて85歳に至るまでの年数に10万円又は20万円を乗じた金額を控除することができます。

① 制度の概要

相続又は遺贈により財産を取得した者が障害のある者である場合には、一般的にそうでない者に比べてより多くの生活費を必要とすることから、その者の相続税額から一定額を控除することとされています（相法19の4）。

② 適用対象者

次の要件を満たす場合、障害者控除を適用することができます。
① 居住無制限納税義務者（Q48参照）であること
② 被相続人の法定相続人であること
③ 85歳未満の者であり、かつ障害者に該当すること

③ 一般障害者、特別障害者の範囲

障害者（一般障害者）とは、精神又は身体に障害のある者で一定のものを

いい、特別障害者とは、障害者のうち、精神上の障害により事理を弁識する能力を欠く常況にある者など、精神又は身体に重度の障害がある者で一定のものをいいます（相令4の4、相基通19の4-1～2）。

【一般障害者の例】

・身体障害者手帳上の障害等級が3級～6級

・精神障害者保健福祉手帳上の障害等級が2級又は3級

【特別障害者の例】

・身体障害者手帳上の障害等級が1級又は2級

・精神障害者保健福祉手帳上の障害等級が1級

④ 控除額

控除額は、次のように計算します。

（85歳－相続開始時の年齢）×10万円＝一般障害者の控除額

（85歳－相続開始時の年齢）×20万円＝特別障害者の控除額

　障害者控除は、一般障害者にあっては10万円、特別障害者にあっては20万円に、その者が85歳に達するまでの年数を乗じて計算した金額です。なお、85歳に達するまでの年数が1年未満であるとき又は1年未満の端数があるときは、これを1年として計算します（相法19の4①）。

　(計算例) 相続開始時の年齢　29歳6か月とすると、

　　・一般障害者の場合

　　　　85歳－29歳6か月＝55年6か月　→56年となります。

　　　　控除額は、10万円×56＝560万円となります。

　　・特別障害者の場合

　　　　控除額は、20万円×56＝1,120万円となります。

5 控除の方法

(1) 障害者の相続税額からの控除

この控除は、まず、障害者の相続税額から控除することになっています。

なお、この「障害者の相続税額」とは、相続税額の2割加算の対象であれば、その加算後の金額から贈与税額控除、配偶者に対する相続税額の軽減及び未成年者控除の額を差し引いた相続税額をいいます。

(2) 扶養義務者の相続税額からの控除

障害者控除額が障害者の相続税額を超える場合には、その超える部分の金額、つまり控除不足額は、その者の扶養義務者で同一の被相続人から相続や遺贈により財産を取得した者の相続税額から控除できます（相法19の4③）。

この場合の扶養義務者とは、配偶者並びに民法877条の規定による直系血族及び兄弟姉妹並びに家庭裁判所の審判を受けて扶養義務者となった三親等内の親族をいいます（相基通1の2-1）。

その控除を受けることができる扶養義務者が2人以上ある場合において、各扶養義務者が控除を受けることができる金額は、次の①又は②の金額です（相令4の3）。

① 扶養義務者の全員の協議により、その全員が控除を受けることができる金額の総額を各人ごとに配分して定め、その定めたところにより控除額を記載した相続税の申告書を提出した場合には、その申告書に記載した金額

② ①以外の場合には、扶養義務者の全員が控除を受けることができる金額の総額を、その扶養義務者の相続税額の比によってあん分して計算した金額

（3）障害者控除の制限

　一次相続の際に障害者控除を適用している場合、二次相続の際には障害者控除の控除額が少なくなります。

　二次相続時に適用できる障害者控除額は、次の計算式により算出した金額（①又は②）のいずれか少ない金額となります。

　① 10万円（又は20万円）×（85歳－今回の相続開始時の年齢）
　② 10万円（又は20万円）×（85歳－最初の相続開始時の年齢）
　　　－これまでの控除額の合計

【計算例】

　相続人甲（特別障害者）
　　一次相続被相続人：父
　　・甲の年齢　40歳
　　・障害者控除前の相続税額　500万円
　　　（もう一人の相続人である母は、配偶者軽減により相続税額０円）
　　・甲の障害者控除額　900万円（20万円×（85歳－40歳））
　　・甲の相続税額　０円（500万円＜900万円）
　　二次相続被相続人：母
　　・甲の年齢　50歳
　　・障害者控除前の相続税額　600万円
　　・甲の障害者控除額　400万円
　　　【700万円（20万円×（85歳－50歳））＜400万円（20万円×（85歳－40歳）－500万円）】
　　・甲の相続税額　200万円（600万円－400万円）

POINT

1　相続開始時に障害者手帳等がない人でも、申告書の提出時に手帳の交付を受けており（若しくは交付を申請している）、かつ、医師の診断書により、相続開始の時の現況において、明らかにこれらの手帳に記載される程度の障害があると認められる場合には、障害者控除の適用ができます（相基通19の4-3）。

2　障害者控除は、財産を取得しないと適用することはできません（Q79参照）。

Q76　相次相続控除

父親の相続の数年後に母親が亡くなりました。この場合の相続税の優遇措置について教えてください。

A 　一次相続から10年以内に、二次相続が発生した場合（相次相続）、二次相続の被相続人が一次相続の相続人であるなどの要件を満たしていれば、一次相続で課税された相続税額をもとに二次相続の相続税額から控除することができます（相次相続控除）。

❶ 制度の概要

一般的には、相続の開始があってから次の相続の開始までは相当の期間があるのが通常であり、この場合には、相続税の負担も特に問題とならないと考えられますが、これに対し、短期間に相続の開始が続いた場合には、相続税の負担が過重となります。

その負担の調整を図るため、相次相続控除の制度により、10年以内に２回以上の相続があった場合には、前の相続において課税された相続税の額をもとに後の相続における相続税の額から控除することができます（相法20）。

❷ 適用要件

相次相続控除を適用するには、次の要件を満たす必要があります。
① 被相続人の相続人であること
② その相続の開始前10年以内に開始した相続により被相続人が財産を

取得していること

③その相続の開始前10年以内に開始した相続により取得した財産につ
いて被相続人に対し相続税が課税されたこと

なお、この制度の適用対象者は、相続人に限定されていますので、相続
の放棄をした者及び相続権を失った者がたとえ遺贈により財産を取得して
も、この制度は適用されません（相基通20-1、20-4）。

③ 控除額

各相続人における相次相続控除の控除額は、次のように計算します。

$$A \times \frac{C}{B-A} \times \frac{D}{C} \times \frac{10-E}{10} = 各相続人の相次相続控除$$

（注1）上記算式中の $\frac{C}{B-A}$ の割合が $\frac{100}{100}$ を超えるときは $\frac{100}{100}$ として計算
します。

（注2）算式中の符号は、次のとおりです。

A：二次相続に係る被相続人が一次相続により取得した財産につき課
せられた相続税額

B：二次相続に係る被相続人が一次相続により取得した財産の価額
（債務控除後）

C：二次相続により相続人及び受遺者の全員が取得した財産の価額
（債務控除後）

D：二次相続によりその控除対象者が取得した財産の価額（債務控除
後）

E：一次相続開始の時から二次相続開始に時までの期間に相当する年
数（1年未満の端数は切捨て）

POINT

1　相続人が複数人いる場合、どの相続人がいくらの相次相続控除の特例を使うかは、たとえ相続人間で了解があったとしても選択することはできません。定められた数式のとおり、各相続人が取得した財産額によって自動的にあん分されますので、その計算結果に従うことになります。

2　申告期限までに遺産分割協議がととのわず未分割の状態であっても、法定相続分で分割したと仮定して相次相続控除を適用させた相続税の申告をすることとなります。

Q77　外国税額控除

海外の財産を取得し外国の税金が課せられた場合の相続税の計算方法について教えてください。

A 日本以外の海外に相続財産がある場合には、日本の相続税以外に海外でも相続税が課せられる場合があります。その場合、同じ相続財産に対して二重に相続税を支払うことになりかねないため、外国税額控除により控除することができます。

① 制度の概要

外国税額控除の額は、外国で支払った「相続税に相当する税」か、相続税の額に相続人の海外にある財産の額の割合を乗じた額のうちいずれか「少ないほう」の金額となります。相続又は遺贈により法施行地外にある財産を取得した場合において、その財産について、その財産の所在地国の法令により日本の相続税に相当する税が課されたときは、その国外財産については、日本とその財産の所在地国とで二重に課税することとなります。

これら国外財産について、その所在地国で日本の相続税に相当する税が課せられたときは、この国際間の二重課税を防止するため、その財産を取得した者については、外国税額控除により日本の算出相続税額から一定額が控除できます（相法20の２）。

❷ 適用要件

外国税額控除を適用するには、次の要件を満たす必要があります。

① 相続又は遺贈（相続税法21条の2第4項に規定する贈与を含む）により財産を取得したこと

②①により取得した財産は、法施行地外にあるものであること

③①により取得した財産について、その財産の所在地国において相続税に相当する税が課税されたこと

❸ 控除額

相続税額から控除する外国税額は、相続又は遺贈により取得した外国に所在する財産について、その外国において課された日本の相続税に相当する税額です。ただし、その控除すべき金額が、次の算式により計算した金額を超えるときは、その超える部分の金額は控除できません（相法20の2但書）。

$$
\begin{array}{c}\text{贈与税額控除から相次相続控除までの}\\\text{税額控除適用後の日本の相続税額}\end{array} \times \frac{\text{在外財産の価額}^{(注1)}}{\begin{array}{c}\text{相続又は遺贈により取得した財産の価額のうち}\\\text{課税価格計算の基礎に算入された部分の金額}^{(注2)}\end{array}}
$$

(注1) 相続又は遺贈により取得した外国にある財産の価額の合計額から、その財産に係る債務の金額を控除した額のことです（相基通20の2-2）。

(注2) 「課税価格計算の基礎に算入された部分」とは、債務控除をした後の金額をいいます（相基通20の2-2）。

POINT

　相続税に相当する外国税は、その国の外貨で支払っているのが通常であるところ、日本の相続税における外国税額控除額の算定において邦貨換算の上で相続税申告書に記載する必要があります。

　外国税額控除における適用為替レートは、法施行地外にある財産について、その地の法令により課された相続税に相当する税額を、①その納付すべき日における対顧客直物電信売相場（TTS）により邦貨に換算した金額によります。ただし、送金が著しく遅延して行われる場合を除き、②国内から送金する日の対顧客直物電信売相場（TTS）によることができます（相基通20の2 - 1）。

第 **4** 章

相続税の申告と納税

相続税の申告をしなければならない人と相続税を納税しなければならない人は必ずしも同じではありません。財産の分け方により申告が不要になる場合、取得者の違いで相続税額が加算になる場合、納税がゼロでも期限内申告しておけばよかった場合など、知っていたか知らなかったかで明暗が分かれます。

本章では、相続税の申告と納税について、実例を挙げて押さえておくべきポイントを解説します。

Q78 2度目の相続税申告における 未成年者控除

母が令和4年4月1日に死亡しました（二次相続）。父は令和元年に亡くなり（一次相続）、今回の相続人は私一人です。母の財産は預金が3,800万円のみですが、葬儀費用約80万円を差し引いても基礎控除3,600万円を少し超えてしまいます。なお、母が亡くなった時、私は16歳でした。未成年者控除を適用すれば相続税の申告が不要でしょうか。

A　未成年者が複数回相続により財産を取得した場合には、それぞれの相続において未成年者控除の適用が可能です。二次相続における相続税の申告が不要かどうかは、一次相続時に未成年者控除をいくら適用したかによります。

　・一次相続時に未成年者控除を適用していない場合
　　二次相続時の未成年者控除の適用により相続税申告が不要となります。
　・一次相続時に未成年者控除を適用した場合
　　一次相続時に適用した未成年者控除の残額により、相続税の申告及び納税が必要となることがあります。

1 未成年者控除の概要

相続又は遺贈により財産を取得した相続人が18歳未満である場合は、算出した相続税額から、10万円にその者が18歳に達するまでの年数（その年数が1年未満のときは1年とする。1年未満の端数があるときも、その端数を1年とする）を乗じて算出した金額を控除した金額をもって、その納付す

べき相続税額とします（相法19の３）。

② 未成年者が複数回相続により財産を取得した場合

　未成年者が複数回相続により財産を取得した場合には、それぞれの相続において未成年者控除を適用することができます。

　この場合、二次相続では、一次相続で適用した金額を控除することはできません。

　なお、二次相続が令和４年４月１日以降（成年年齢が20歳から18歳に引下げ）であった場合における二次相続時の控除可能額は、一次相続時の控除額の年齢を18歳に置き直し算出することとなります（相基通19の３-５(2)）。

【計算例】

　一次相続　平成30年　被相続人：父

　　・未成年者甲の年齢　５歳

　　・甲の未成年者控除前の相続税額　60万円……①

　　（扶養義務者〔母〕の相続税額はないものとする）

　　・未成年者控除額

　　　10万円×（20歳－５歳）＝150万円……②

　　・控除された金額…60万円（①＜②）……③

　二次相続　令和４年　被相続人：母

　　・甲の年齢　９歳

　　・甲の未成年者控除前の相続税額　100万円……④

　　（扶養義務者は存在しない）

　　・一次相続における未成年者控除限度額

　　　10万円×（18歳－５歳）＝130万円……⑤

　　・⑤－③（既往の控除額）＝130万円－60万円＝70万円……⑥

・二次相続における未成年者控除額

　10万円×（18歳－9歳）＝90万円……⑦

・⑦＞⑥　∴　70万円……⑧

・納付すべき相続税額

　④－⑧＝30万円

❸ 本問の検討

　本問においては母親を被相続人とする相続が令和4年4月1日以降であるため、未成年者控除の適用額は18歳に達するまでの年数を乗じて算出した金額です。

　3,800万円－葬式費用80万円－基礎控除3,600万円＝課税財産120万円
　課税財産120万円×税率10％＝未成年者控除適用前の相続税額12万円

（1）一次相続時に未成年者控除を適用していない場合

・18歳－16歳＝2年×10万円＝20万円（未成年者控除額）
・未成年者控除適用前の相続税額12万円＜未成年者控除20万円

　上記のとおり、相続税額は0となるため、二次相続における相続税の申告は不要となります。

（2）一次相続時に未成年者控除を適用した場合

　一次相続の際に適用した未成年者控除額の残額（18歳の年齢で調整した額〔上記❷参照〕）が、相続税額12万円より多い場合は申告不要です。少ない場合は、相続税申告が必要になります。

POINT

　父の相続が令和2年（成年年齢引下げ前）であっても、令和4年4月1日以降に開始した母の相続における控除を受けることができる金額の計算は、18歳に達するまでの金額となります。

Q79 障害者控除は財産を取得しないと適用できない

私は3人兄弟の長男です。配偶者も子どももいないため、私の死後、私の財産は兄弟が引き継ぐことになりますが、障害者の三男のことが気がかりです。私の財産はすべて次男に譲り、三男の面倒を見て欲しい旨の遺言を書こうと思いますが、何か注意点はあるでしょうか。

A すべての財産を次男に譲るという遺言を書いてしまうと、三男が相続又は遺贈で財産を取得しないため、相続税の計算上障害者控除が使えなくなります。少しでも三男に財産を取得させるようにするのがよいでしょう。なお、三男の相続税額から控除しきれなかった障害者控除額は、次男の相続税額から控除できます。

① 障害者控除の概要

相続税法19条の4では、「相続又は遺贈により財産を取得した者……が当該相続又は遺贈に係る被相続人の……相続人に該当し、かつ、障害者である場合には……」と定められています。つまり、障害者控除の適用を受けるには、以下の要件を満たさなければなりません（**Q75**参照）。

① 相続人であること
② 障害者であること
③ 相続又は遺贈により財産を取得した者であること

❷ 障害者控除を受けるための留意点

　障害者控除は、財産の取得金額に係る要件は規定されていません。しかし、相続又は遺贈により財産を取得した者が要件であることから（上記❶③参照）、障害者控除を受けるためには、少額でも財産を取得する必要があります。

　なお、障害者控除額が、その障害者本人の相続税額より大きく控除額の全額が引ききれない場合には、その引ききれない部分の金額をその障害者の配偶者、兄弟姉妹などの扶養義務者の相続税額から差し引きます（相法19の4③、19の3②）。

POINT

　本問は兄弟相続なので遺留分侵害額請求の対象とはなりませんが、被相続人が親で、相続人が子どもの場合において、一人の相続人のみ財産を取得すると、遺留分侵害額請求の対象となり得ますので注意が必要です。

Q80 数次相続における 相続税申告期限の延長

先日父が亡くなり、相続人である私と母とで相続税の申告準備をすすめていました。その申告期限前に母も亡くなりました。申告期限前に相続人が亡くなった場合、相続税の申告期限が延びると聞きましたが、父の相続税について、私はいつまでに申告すればよいでしょうか。

A 数次相続において相続人の一人が亡くなった場合、「先に死亡した者の相続税申告に係る申告期限」は「母の相続税申告に係る申告期限」まで延長されます。しかし、延長されるのは死亡した相続人に係る申告期限だけですので、生存している者の申告期限は変わりません。本問の場合、あなたは、父の相続開始を知った日から10か月以内に相続税の申告が必要となります。

1 数次相続

遺産分割中に相続人の一人が亡くなり、新たな相続が発生することを数次相続といいます。

2 申告期限の延長

相続税の申告書を提出すべき者がその相続税申告書の提出期限前にその申告書を提出しないで死亡した場合には、その者の相続人は、その相続の開始があったことを知った日の翌日から10か月以内に、先に死亡した者に係る相続税の申告書をその死亡した者の納税地の所轄税務署長に提出し

なければならないとされています（相法27②）。

　この場合、亡くなった相続人以外の相続人の申告期限については延長されません。

　よって、本問においては、質問者は父の相続の開始を知った日から10か月以内に相続税の申告が必要となります。

POINT

　「数次相続」と似た言葉に「相次相続」があります。相次相続は、最初の相続の遺産分割が終わってから新たな相続が発生することをいいます。

Q81　単独で行う相続税申告

父が死亡し、相続人は兄と私（妹）の２人です。以前より兄弟仲が悪く、相続税申告書の提出は別々にしようかと考えていますが、よろしいでしょうか。

A　相続税の申告は、相続人全員が一緒に行う必要はなく、本問においてあなたと兄は別々に申告することができます。

1 相続税の申告書

　同一の被相続人から相続又は遺贈により財産を取得した者又はその者の相続人で相続税の申告書を提出すべき者又は提出することができる者が２人以上ある場合において、その申告書の提出先の税務署長が同一であるときは、これらの者は、その申告書を共同して提出することができます（相法27⑤）。

　この「提出することができる」とは、「共同して提出しなければならない」とはなっていないことから、相続人それぞれが単独で申告することもできるものとして取り扱われています。

2 相続税の申告書を別々に提出する場合の留意点

　相続税の申告書を各相続人が別々に提出することは可能ですが、その場合、相続税の計算にあたって、相続人の一人が取得した財産と他の相続人が取得した財産を合算して計算する必要がありますので、お互いが取得し

た財産の情報交換は必要です。

　また、不動産の評価などは人によって評価額に差が出ますので、擦り合わせをしない場合は申告内容がまったく同じになることは難しいと考えられます。

POINT

　相続人それぞれが異なる課税財産の額でもって相続税申告書を税務署に提出した場合、税務署はどちらの申告書が正しいのかの確認のため、税務調査に入る確率が高くなるといわれています。

Q82 過少申告の場合における 延滞税・過少申告加算税の不徴収

Q81の状況で、兄と私（妹）とは別々に相続税申告を行ったところ、税務調査を受け、私に相続財産の申告漏れがあったことが判り、修正申告書を提出しました。申告漏れの財産は、兄が相続開始前3年以内に父から生前贈与されていた300万円と、父が兄名義で預金していた100万円です。これらの財産の計上漏れに対して、私に延滞税及び過少申告加算税は課されるでしょうか。

A 本問において、兄が生前贈与されていた300万円に対しては、延滞税及び過少申告加算税の対象とはなりませんが、兄名義の預金100万円に対しては、延滞税及び過少申告加算税の対象となります。

① 相続税の延滞税の特則等

期限内申告書の提出期限後に、その被相続人から相続又は遺贈により財産を取得した他の者が当該被相続人から贈与により取得した財産で相続税の計算の基礎とされなかったものがあることを知り修正申告書を提出した場合、期限内申告書の提出に係る納期限の翌日から修正申告書の提出があった日までの期間は、延滞税の計算の基礎となる期間に算入しません。

また、上記の場合には、過少申告の場合における「正当な理由があると認められる事実」として取り扱われ、過少申告加算税は賦課されません（相法51②一イ、「相続税、贈与税の過少申告加算税及び無申告加算税の取扱いについて」〔事務運営指針〕第1の1(3)イ)

❷ 本問の検討

　本問では、質問者（妹）は被相続人から兄への生前贈与を知らずに相続税の期限内申告書を提出し、提出期限後に「兄に贈与された現金：相続税の計算の基礎とされなかったもの」があることを知り修正申告書を提出していますので、「兄が生前贈与されていた300万円」に対しては、上記❶により、その修正申告書の提出までの期間は延滞税の対象となる期間に含まれず、また、過少申告加算税は課されません。

　ただし、「兄名義の預金100万円」に対しては、相続税の延滞税の特則等には該当しないことから、延滞税及び過少申告加算税の対象となります。

POINT

　複数の相続人がそれぞれ相続税の申告書を提出する場合などには、相続税の期限内申告書を提出する前に、贈与税の開示請求（相法49①）を行うことにより、他の相続人への贈与の事実を確認することができます。

Q83　期限内申告書提出に係る 延滞税の計算除外期間

一昨年父が亡くなり、同居していた兄にすべての財産を譲る遺言があったため、兄のみ遺言どおりの相続税申告書を申告期限内に提出しました。ところが今年になって税務調査があり、兄と私が受取人で、それぞれ同額の支払額である生命保険をかけていてくれたことがわかりました。私にも保険金を残してくれていたことは有難かったですが、相続税の期限後申告書の提出による多額の延滞税が賦課されました。同じ金額の保険金を受け取ったのに、兄の修正申告書の提出による延滞税は私ほど多くなかったようです。申告漏れ財産の金額は同じだったのに、延滞税の額に差が生じるのはなぜでしょうか。

A 兄は相続税の期限内申告書を提出しているため、延滞税の除算期間が適用され、延滞税は1年分しか賦課されません。ただ、あなたは税務調査により申告漏れ財産が把握され、それにより期限後申告書を提出していることから、本来の申告期限から期限後申告書を提出及び納税した時までの延滞税が賦課されます。この延滞税の計算期間（除算期間の適用）が異なるため、延滞税の額に差が生じます。

1 延滞税の計算除算期間

延滞税には期限内申告書が提出されている場合において、その申告期限から1年を経過する日後に修正申告書が提出された場合には、申告期限から1年を経過する日の翌日から修正申告書の提出された日までの期間を延滞税の計算期間に含めないという特例があります（国通法61①一）。

② 本問の検討

本問の場合、兄は以下の期間の延滞税が免除されます。

・期限内申告書が提出されていて、法定申告期限後1年を経過してから修正申告があったとき

⇒その法定申告期限から1年を経過する日の翌日から修正申告書が提出された日までの期間

つまり、期限内申告書を提出している兄は実質、延滞税は1年分しか賦課されないことになります。

なお、期限後申告書に係る延滞税の除算期間の取扱いはないことから、本問において、質問者は本来の申告期限から期限後申告書の提出及び納税した日に応じて延滞税が賦課されることとなります。

したがって、保険金の額は同じであっても延滞税の額に差が生じることになります。

POINT

　相続財産を何も取得しない場合は相続税申告書を提出しなくてもよいと考えるかもしれませんが、期限内申告書の提出の有無が延滞税の計算期間の特例において明暗を分けることになります。当初申告時に財産を取得しなくても、財産を取得した者と一緒に相続税の期限内申告書を提出しておくことで、延滞税の除算期間を活用することが可能となります。

Q84 保険金受取りと生前贈与加算

父は相続税の節税対策として、唯一の相続人である私とは別に孫に対して生前贈与を行っていました。また、被保険者及び保険料負担者が父で受取人を孫とする生命保険に加入していました。

父の相続が発生し、相続財産はすべて私が引き継ぎました。

税務調査を受け、孫が受け取った保険金は相続開始3年以内の生前贈与加算の対象になるとの指摘がありました。しかも、生命保険金は非課税枠の範囲内の金額なのに非課税は使えず、相続税額は2割加算になるとのことです。なぜこんなことになったのでしょうか。

A　孫は相続人ではないので相続財産は一切引き継いでいないつもりだったかもしれませんが、生命保険金の受取人になっていることで受遺者となります。よって、生前贈与加算の対象となり、しかも相続人ではないので、生命保険金の非課税が使えません。また、代襲相続人ではない孫は相続税額の2割加算の対象になります。

1 生前贈与加算の対象者

生前贈与加算の対象者は、相続又は遺贈により財産を取得した者です。その相続の開始前3年以内に被相続人から贈与により財産を取得したことがある場合には、その者については、贈与により取得した財産の価額を相続税の課税価格に加算することとなります（相法19）。

生前贈与加算の対象者は相続人だけではなく、受遺者も対象になります。この場合、遺言により財産を遺贈された者だけではなく、相続人でな

い者が生命保険金の受取人になることにより遺贈により財産を取得した者
も受遺者とみなされます。

❷ 本問の検討

　本問では、孫は相続人ではないものの、被相続人である父が被保険者及
び保険料負担者である生命保険の受取人として保険料を受け取っているこ
とから、孫が受遺者となります。

　受遺者は生前贈与加算の対象となり、しかも相続人でないことから、生
命保険の非課税は使えません。

　また、孫は代襲相続人ではないことから、相続税額の2割加算の対象
となります（Q72参照）。

❸ 養子縁組

　では、仮に、質問者の父と孫が養子縁組していた場合は、どのようにな
るでしょうか。

（1）生命保険の非課税枠について

　孫は相続人として生命保険金を受け取ることとなるので、生命保険の非
課税枠は使えます。

（2）相続税額の2割加算について

　孫は代襲相続人ではないので、生前贈与加算された財産について、相続
税は相続税額の2割加算の対象となります。

POINT

1．相続人以外の者が生命保険金の受取人になると受遺者になります。
2．受遺者は相続人でなくても生前贈与加算の対象となります。
3．受遺者は、相続人ではないので生命保険金の非課税枠は使えません。

第 **5** 章

贈与税の概要と
納税義務者

将来の相続に備えて、早い段階から準備しておくことは大変重要です。生前からしっかりと準備をしておけば、円満な相続を迎えることができます。その際、相続対策としての贈与税の概要及び各特例を認識することが重要となります。

相続税の納税義務者と同様に、贈与税の場合にも、贈与者や受贈者の国籍や居住地、財産の所在等により、贈与税の納税義務の区分に影響が生じます。基本的には相続税の納税義務の考え方に近似しますが、本章では、贈与税ならではの論点にも言及して解説します。

Q85　贈与税とは

贈与税とは、どのような税金ですか。どのような場合に納める必要があるのでしょうか。

A　贈与税は、個人から財産をもらったときに、そのもらった財産に課税される税金です。

贈与税がなければ、生前贈与によって相続税の課税を逃れることができます。その場合、国は税収が少なくなり、納税者は生前贈与した人としない人とで不公平になります。贈与税があることで、生前贈与による相続税の減少分を補い、納税者間の不公平の是正が図られています。

1 贈与税とは

贈与税とは、贈与により財産を取得した者が、その取得した財産に対して課される税金です。財産を取得し、その財産の価額が一定の額以上であれば、贈与税を納める必要があります（相法1の4）。

贈与により財産を取得した場合、その財産を一定の評価方法に従って評価した評価額が、相続税法により定められた一定の基礎控除額を超過する場合には、その贈与を受けた人は、原則として贈与税の申告が必要となります（相法21の5、措法70の2の4）。また、財産を無償でもらうだけでなく、保険料を負担せず保険金を受け取った場合や、「安くもらう」又は「負債を肩代わりしてもらう」など、実質的に贈与により取得した場合と同様の経済的効果を持つものについては「みなし贈与」として贈与税の課税対象となります（相法5〜9の6、65①）。なお、評価額が基礎控除額を

超過しない場合であっても、相続時精算課税（本編第8章参照）の規定の適用を受ける場合などは、贈与税の申告が必要となります。

2 贈与税の機能

贈与税は相続税を補完する機能を有する補完税として位置づけられています。

相続や遺贈により財産を取得した場合には、相続税が課税されます。この場合、被相続人が生前、相続税の対象となる人に財産を贈与すると、当然、相続税の負担は減少することとなります。よって、贈与税の制度を設けることにより、被相続人が生前に贈与をした場合と、贈与をしなかった場合との贈与税及び相続税の税負担感の公平が図られています。

これらのことから、相続税と贈与税は、税目は異なるものの、いずれも相続税法に規定されています。

POINT

　贈与税は相続税の補完税として、その税率は相続税よりも高いものの、財産の額に応じ上手に贈与していくことで相続税の節税を図ることができます。

Q86 納税義務者の区分

贈与税の納税義務者は複数の区分に分かれているとのことですが、どのような区分がありますか。

A 贈与税の納税義務者は、財産取得時の住所、日本国籍の有無などにより、①居住無制限納税義務者、②非居住無制限納税義務者、③居住制限納税義務者、④非居住制限納税義務者の4つに区分され、その区分に基づき贈与税の課税財産の範囲が異なります。

1 納税義務者の区分

贈与税の納税義務者については、贈与者又は受贈者の財産取得時の住所、日本国籍の有無、過去10年以内の住所の有無により、居住無制限納税義務者、非居住無制限納税義務者、居住制限納税義務者、非居住制限納税義務者の4つの区分されます。

上記の区分を図で表すと、次表のとおりとなります。

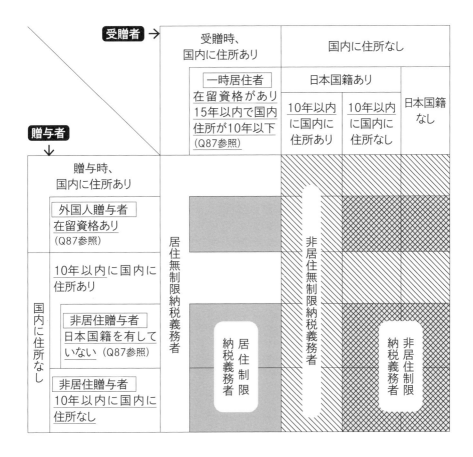

　なお、それぞれの納税義務者の意義とそれぞれの課税される財産の範囲については、相続税と贈与税とで同様の内容です（Q52〜57、59、87参照）。

❷ 納税義務者の区分別課税財産の範囲等

　納税義務者の区分に応じ、贈与税が課税される財産の範囲や課税価格の計算方法は、次表のとおりとなります。

	課税財産の範囲 （相法2の2）	特定障害者に対する贈与税の非課税制度 （相法21の4）	納税地の申告 （相法62②）	教育資金贈与、結婚・子育て資金贈与の非課税	住宅資金贈与の非課税 （措法70の2①、②一）
居住無制限納税義務者	日本国内・日本国外すべての財産	適用あり	納税地の申告又は指定、必要	受贈者について、居住者や日本国籍を有する者といった限定はない（措通70の2の2-2、70の2の3-2）	適用あり
非居住無制限納税義務者		適用なし	住所・居所を有しなくなった場合、必要		
居住制限納税義務者	日本国内の財産		納税地の申告又は指定、必要		適用なし
非居住制限納税義務者			住所・居所を有しなくなった場合、必要		

POINT

　日本国内の財産を受贈した場合は、どの**納税義務者**の区分であっても贈与税の対象となります。

Q87 一時居住者、外国人贈与者、非居住贈与者

贈与税の納税義務者である一時居住者や、外国人贈与者及び非居住贈与者とはどのような人ですか。

A 一時居住者とは、受贈時に出入国管理及び難民認定法別表第一の在留資格で滞在している者（Q49参照）で、過去15年以内において日本国内に住所を有していた期間の合計が10年以下の者をいいます。

外国人贈与者とは、贈与時に出入国管理及び難民認定法別表第一の在留資格で滞在している者をいいます。

非居住贈与者とは、贈与時に日本国内に住所を有していなかった贈与者で、①贈与前10年以内のいずれの時においても日本国籍を有していない者又は②贈与前10年以内に国内に住所を有していたことがない者をいいます。

❶ 一時居住者、外国人贈与者、非居住贈与者とは

贈与税と相続税における一時居住者（Q49参照）の意義、外国人贈与者と外国人被相続人（Q50参照）の意義、非居住贈与者と非居住被相続人（Q51参照）の意義は、贈与税・相続税それぞれ同様です（相法1の4③）。

例えば、贈与者がこれまで日本に住所を有しておらず、受贈者が日本に教授としての在留資格を持ち一時的に居住していれば、受贈者は一時居住者に該当します。その時に贈与者から国外の財産の贈与を受けた場合は、受贈者は一時居住者の居住制限納税義務者として、その財産は贈与税の対象にはなりません。

POINT

　贈与者が外国人贈与者又は非居住贈与者に該当し、かつ、受贈者が一時居住者に該当しているか又は10年以内に国内に住所がなければ、国外財産の贈与を受けても贈与税の対象にはなりません。

年の中途において異なる区分の納税義務者に該当することとなった場合

私は、非居住贈与者からの贈与により、令和4年3月及び同年11月にそれぞれ財産を取得しました。取得した財産は、いずれも、国外に所在する財産100万円相当額及び国内に所在する財産300万円の計400万円です。私は日本国籍を有しておらず、令和4年4月末日までは国外に居住していましたが、同年5月1日より日本に居住しています。なお、一時居住者には該当しません。

贈与税の課税価格は、どのように計算されますか。

A あなたは、令和4年4月末分までは非居住制限納税義務者に該当し、同年5月1日以降は居住無制限納税義務者となります。よって、無制限納税義務者である期間内に取得した財産の価額と、制限納税義務者である期間内に取得した財産で国内にあるものの価額との合計額をもって、贈与税の課税価格とします。

❶ 年の中途で納税義務者の区分が変わる場合

贈与税については、相続税とは異なり、一年間の間に複数回の贈与を受けることがあり得るため、住所地の移転等により、年の中途で納税義務者の区分が変わることが考えられます。この場合、無制限納税義務者に該当する期間に取得した財産については、国内及び国外に所在する財産のすべてが課税価格に算入されることとなり、制限納税義務者に該当する期間に取得した財産については、国内に所在する財産が課税価格に算入されるこ

とになります。

　すなわち、無制限納税義務者である期間内に取得した財産の価額と、制限納税義務者である期間内に取得した財産で国内にあるものの価額との合計額をもって、贈与税の課税価格となります（相法21の2③）。

2　本問の検討

　本問では、贈与者は非居住贈与者に該当し、受贈者は日本国籍を有しないため、受贈者が国外に住所を有していた令和4年1月1日から同年4月30日まではその者は非居住制限納税義務者に該当し、令和4年5月1日から同年12月31日までは居住無制限納税義務者に該当します。

　したがって、制限納税義務者であった期間内である3月に取得した財産については、国内に所在する財産である300万円を課税価格に算入し、無制限納税義務者であった期間内である11月に取得した財産については、国内及び国外に所在する財産のすべてである400万円を課税価格に算入します。

POINT

　年の中途で納税義務者の区分が変わる場合には、それぞれの区分の期間ごとに課税価格を計算する必要があります。

Q89 相続開始の年において 被相続人から贈与を受けた場合

私は父から、本年3月に贈与により現預金を取得しましたが、同年11月にその贈与者に相続が発生し、私はその相続により父から財産を取得しました。3月に贈与により取得した現預金について、私は贈与税の納税義務者に該当しますか。

A 相続が発生した年における贈与を受けた財産の価額は、生前贈与加算の規定により、相続税の課税価格に加算されるため、贈与税の納税義務者には該当しません。

1 生前贈与加算

相続税法上、相続又は遺贈により財産を取得した者が相続開始前3年以内に被相続人から贈与により財産を取得したことがある場合には、その贈与により取得した財産の価額は相続税の課税価格に加算するという規定があり、これを生前贈与加算といいます（相法19）。

2 相続開始の年における贈与

生前贈与加算により、相続開始の年において被相続人から受けた贈与について相続税の課税価格に加算されるものは、贈与税の課税価格に算入しません（相法21の2④）。

したがって、その年における贈与が被相続人からの贈与のみである場合、受贈者は贈与税の納税義務者には該当しません。ただし、贈与を受け

た財産を加算した相続税の課税価格によっては、相続税の納税義務者に該当して相続税の申告が必要となります。

　なお、生前贈与加算は、相続又は遺贈により財産を取得した者が対象となるため、贈与者に相続が発生したとしても、受贈者がその相続又は遺贈により財産を取得した者でない場合には、生前贈与加算の対象とはならず、贈与税の納税義務者に該当します。

POINT

　相続開始年分の贈与については、相続により財産を取得するか否かにより贈与税の納税義務者に該当するか否かが異なるため、孫などへの贈与については、受遺者となっていないか留意する必要があります。

第 **6** 章

贈与税の課税財産

贈与税は、贈与によって取得した財産に課税されます。

そのほかにも、法律上は贈与により取得した財産に該当しないものの実質的には贈与により取得したものと同様と考えられる場合には、みなし贈与財産として贈与税の課税対象となります。

なお、経済的利益を受けた場合には、贈与があったものとして課税されることになるため、「贈与」に該当するかの判断について問題になることが少なくありません。

Q90 贈与税の課税財産、みなし贈与財産、非課税財産

父から不動産の贈与を受け、贈与税を支払いました。ほかに贈与税が課税される財産はどのようなものがありますか。

A　贈与税は、贈与によって取得した財産に課税されます。そのほか贈与により取得した財産でなくても、実質的には贈与により取得したものと同様と考えられる場合には、みなし贈与財産として贈与税の課税対象となります。

1 贈与税の課税対象となる財産

　相続、遺贈又は贈与によって取得した財産に対しては、相続税又は贈与税が課税されます（相法2、2の2）。

　相続税法上、「財産」については明確に定義されていません。このため、民法等の法律や社会通念によって「財産」を解釈することになり、贈与税の課税対象となる財産は、金銭に見積もることができる経済的価値のあるすべてのものが対象となるとされています（相基通11の2-1、Q63参照）。

2 みなし贈与財産

　贈与によって取得した財産でなくとも、実質的に贈与と同様の効果が得られる次に掲げる一定の場合には、贈与により取得したものとみなして贈与税が課税されます。

① 保険料を負担していない者が生命保険金等を取得した場合（相法5）

② 定期金の受取人以外の者が負担していた掛金に相当する定期金に関する権利を取得した場合（相法6）

③ 著しく低い価額の対価で財産の譲渡を受けた場合（相法7）

④ 対価を支払わない場合、又は著しく低い価額の対価で債務免除等を受けた場合（相法8）

⑤ その他経済的利益を受けた場合（相法9）

　「その他経済的利益」を受けた場合には、同族会社の株式の価額が増加した場合、無利子の金銭貸与等、負担付贈与、共有持分の放棄など、様々な形態があります（Q95参照）。

⑥ 自身が保有していない信託の運用益を受けた場合（相法9の2〜9の6）

3 贈与税の非課税財産

財産を贈与により取得した場合においても、次に掲げるものは、非課税財産として贈与税の課税財産とはなりません。

① 法人からの贈与により取得した財産（相法21の3①一）

　法人からの贈与は贈与税ではなく、一時所得として所得税が課税されます。

② 扶養義務者相互間において生活費又は教育費に充てるためにした贈与により取得した財産のうち通常必要と認められるもの（相法21の3①二）

③ 宗教、慈善、学術その他公益を目的とする事業を行う者が贈与により取得した財産で、その公益を目的とする事業の用に供することが確実なもの（相法21の3①三）

　ただし、財産を取得した者が財産を取得した日から2年を経過した日において、公益を目的とする事業の用に供していない場合には、

贈与税が課税されます（相法12②、21の３②）。

④ 特定公益信託で学術に関する顕著な貢献を表彰するものなどで財務大臣が指定するものから交付される金品で財務大臣が指定するもの、学生・生徒に対する学費の支給を行うことを目的とする特定公益信託から交付される金品（相法21の３①四）

⑤ 心身障害者共済制度に基づく給付金の受給権（相法21の３①五）

⑥ 公職選挙法の適用を受ける選挙における公職の候補者が選挙運動に関し贈与により取得した金銭等（相法21の３①六）

⑦ 特定障害者扶養信託契約に基づいて特別障害者が取得した信託の受益権（相法21の４）

⑧ 社交上必要と認められる香典、祝物、見舞金等（相基通21の３-９）

⑨ 相続開始の年に被相続人から贈与を受けた財産（相法21の２④）

POINT

　扶養義務者相互間における生活費に充てるためにした贈与について、「生活費」とは、日常生活を営むために必要な費用をいい、衣食住に必要な費用、治療費、養育費等が該当します。
　生活費に充てず、貯蓄した場合や株式等の運用商品を購入した場合には、贈与税の対象となります。

Q91 贈与により取得したとみなされる保険金等

契約者及び保険料負担者：父、受取人：子、である保険契約の満期保険金を子である私が受け取りました。この場合はどのような税金が課税されますか。

A 受取人以外の者である父が保険料を負担した場合、受取人である子が受け取る満期保険金に対し、贈与税が課税されます（相法5①）。

❶ 保険事故により取得した保険金

保険料の全部又は一部を受取人以外の者が負担し、生命保険契約の保険事故（傷害、疾病その他これらに類する保険事故で死亡を伴わないものを除く）、損害保険契約[1]の保険事故（偶然な事故に基因する保険事故で死亡を伴うものに限る）が発生した場合、受取人が受け取ったその保険金のうち次の算式により計算した金額を、受取人が当該保険料を負担した者から贈与により取得したものとみなします（相法5①）。

$$(A) \times \frac{(B)}{(C)}$$

(A) 保険契約に係る保険金の額

(B) 受取人以外の者が負担した保険料の額

(C) 保険事故発生時までに払い込まれた保険料の全額

---

1 贈与税の対象となる損害保険契約には、自動車損害賠償責任保険など契約者の損害賠償責任に基づいて損害賠償金に充てられる契約に基づく保険金等は含まれません（相法3①一、相令1の4）。

　所得税法上、心身に加えられた損害又は突発的な事故により資産に加えられた損害に基因して取得する給付は、一時所得として課税されずに非課税の取扱いになります。また、本人以外にも配偶者、直系血族、生計を一にする親族等が取得した場合も非課税の取扱いとなります（所法９①十八、所令30、所基通９-20）。このため、相続税法においても、傷害による給付で、保険料負担者と受取人が異なる場合には、みなし贈与課税の対象外としています（相法５①）。

【参　考】生命保険の契約者、保険金負担者等による課税関係

	①	②	③	④	⑤
契約者	父	子	父	母	子
保険料負担者	父	父	父	母	子
被保険者	父	子	子	父	父
保険金・権利受取人	子	子	子	子	子
税金の種類	相続税	相続税	相続税	贈与税	所得税住民税
納税者	子（受取人）	子（契約者）	相続又は遺贈により権利を取得した者	子（受取人）	子（受取人）

❷ 返還金等に対する課税

　生命保険契約又は損害保険契約について満期返戻金などの返還金等を取得した場合について、保険料負担者以外の者が返還金等を受け取った場合には、上記❶と同様の取扱いになります。この場合の損害保険契約は、上記❶と同様です。建物更生共済や火災保険などの解約返戻金等については

適用がありません。実際のところ、損害保険契約は、保険料負担者＝契約者となるため、保険料負担者以外の者が返戻金等を受け取る場合はほとんどないと考えられます。

POINT

　保険契約上の保険金受取人以外の者が現実に保険金を取得している場合において、保険金受取人の変更の手続きがなされていなかったことにつきやむを得ない事情があると認められるときなど、現実に保険金を取得した者がその保険金を取得することについて相当な理由があると認められるときは、その者は保険金受取人として取り扱われています（相基通5-2、3-11、3-12）。

Q92　贈与とみなされる定期金に関する権利

契約者及び保険料負担者：父、受取人：子、である個人年金保険の年金の受給が開始しました。この場どのような税金が課税されますか。

A 年金の給付事由が発生したときに、年金の受取人である子に対し、年金を受け取る権利について贈与税が課税されます。

① 概　要

定期金給付契約（生命保険契約を除く）の定期金給付事由が発生した場合、保険料の全部又は一部を定期金受取人以外が負担しているときは、定期金給付事由が発生した時において、定期金受取人が、以下の算式により計算した金額を保険料負担者から贈与により取得したものとみなします（相法6①）。

$$(A) \times \frac{(B)}{(C)}$$

（A）定期金給付契約に係る権利の額

（B）受取人以外の者が負担した保険料の額

（C）定期金給付事由が発生した時までに払い込まれた保険料の全額

定期金給付契約について返還金その他これに準ずるものの取得があった場合にも同様の取扱いになります（相法6②）。

② 保証据置年金契約

　一定の期間内に年金受取人が死亡し、その残存期間は継続受取人が支給を受ける保証据置年金契約に該当する場合、保険料の全部又は一部を定期金受取人及び被相続人以外の第三者が負担しているときは、相続開始時において、受取人が、以下の算式により計算した金額を第三者から贈与により取得したものとみなします（相法6③）。

$$(A) \times \frac{(B)}{(C)}$$

(A) 定期金給付契約に係る権利の額

(B) 第三者が負担した保険料の額

(C) 相続開始時までに払い込まれた保険料の全額

　保証据置年金契約に関する事例について、課税関係をまとめると次のとおりになります。

① 契約者：丁／保険料負担者：甲／受取人：丙

　　甲が死亡した場合

　　　定期金給付事由が発生していない場合で、保険料負担者である甲が死亡したとき、契約者である丁に対し、相続税が課税されます（相法3①四）。

② 契約者：丁／保険料負担者：乙（甲死亡後の負担者）／受取人：丙

　　丙に定期金給付事由が発生した場合

　　　乙が負担した保険料（相法6①）及び甲が負担した保険料（相法6④）に対応する定期金に関する権利が、みなし贈与財産となり、丙に贈与税が課税されます。

③ 契約者：丁／保険料負担者：乙（甲死亡後の負担者）／受取人：丁
丙が死亡し、丁が継続受取人となった場合

　　乙が負担した保険料に対応する定期金に関する権利がみなし贈与
財産となり、継続受取人である丁に課税されます。この場合、①で
甲が負担した保険料相当部分は、みなし相続財産として課税されて
いるため、甲の負担した部分については、乙が負担した保険料とは
みなされず、課税されません（相法6④但書）。

POINT

　定期金の給付を受ける権利の評価額は、有期定期金、無期定期金、
終身定期金、一時金に分けて評価することとなります（相法24）。

Q93 低額譲渡についての課税関係

父から時価3,000万円の不動産を1,000万円の対価で譲り受けました。この場合の課税関係はどのようになりますか。

A 父は1,000万円に対し譲渡所得税が課税されます。子については、3,000万円と1,000万円の差額2,000万円について、時価と比較して著しく低い価額に該当するものとして、贈与税が課税されます。

① 著しく低い価額での譲渡

著しく低い価額の対価で財産の譲渡を受けた場合には、財産の譲渡があった時において、財産の譲渡を受けた者が、当該対価と譲渡資産の時価との差額に相当する金額を、財産を譲渡した者から贈与[1]により取得したものとみなします（相法7）。

② 資力を喪失している場合

譲渡を受ける者が資力を喪失して債務を弁済することが困難である場合、扶養義務者から債務の弁済に充てるためになされたものであるときは、贈与又は遺贈により取得したものとみなして贈与税又は相続税は課税されません（相法7）。

資力を喪失して債務を弁済することが困難な状態とは、破産法に規定す

---

[1] 当該財産の譲渡が遺言によってなされた場合には遺贈により取得したものとみなします。

る破産手続開始の原因となる程度のほか、債務の金額が積極財産の価額を
超えている債務超過の状態も含むものとされています（相基通7-4）。

③ 時価よりも著しく低い価額

（1）著しく低い価額の判定等

　時価よりも著しく低い価額であるか否かの判定は、所得税法では明文規
定（所法59、所令169）が設けられていますが、相続税法においては、明文
規定は設けられておらず、所得税法施行令169条の規定による判定と異な
り個々の事例に即して判定する必要があります。

　なお、土地等又は家屋等を債務と併せて譲り受けた場合（負担付贈与）に
は、土地等又は家屋等の価額は通常の取引価額により評価することとされ
ています[2]。

　また、強制換価手続により競売が行われた場合など、恣意性を排除して
決められた価額が、一般の取引価額よりも著しく低い価額であっても、そ
の差額について贈与税は課税されません（相基通7-2）。

　納税者が土地を財産評価基本通達に基づき評価した金額（相続税評価額）
によって譲り受けたことが、相続税法7条に該当するかどうか争われた
判例[3]では、「相続税評価額と同程度の価額かそれ以上の価額の対価に
よって土地の譲渡が行われた場合におけるその対価は、相続税法7条に
規定する『著しく低い価額』の対価には当たらない。同条の規定は、租税
負担の公平の見地から見逃すことができないほど時価との乖離が著しい低
額譲渡に対して課税するものである」旨判示されています。

2　平成元年3月29日付直評5・直資2-204「負担付贈与又は対価を伴う取引により取得した土地
　等及び家屋等に係る評価並びに法第7条及び第9条の規定の適用について」（個別通達）
3　東京地裁平成19年8月23日判決（確定）

（2）譲渡資産が2以上ある場合

　譲渡資産が2以上ある場合には、譲渡された個々の財産ごとに判定を行うのではなく、譲渡契約ごとに財産の価額を一括して「著しく低い価額」であるかどうかの判定を行います（相基通7‐1）。

POINT

　相続税法7条の「時価」とは「客観的交換価値」を指します。「時価」＝「相続税評価額」ではないですが、実務上では相続税評価額が一つの目安となります。

Q94　債務免除についての課税関係

父から3,000万円を借りていましたが、親子間のため、借金を返済しなくてもよいと言われました。この場合の課税関係はどのようになりますか。

A 　債務免除を受けた3,000万円について子に対し贈与税が課税されます。ただし、子が資力を喪失して債務を弁済することが困難である場合には、贈与税は課税されません。

1 債務免除等

　対価を支払わないで、又は著しく低い価額の対価で債務の免除、引受け又は第三者による債務の弁済（以下「債務の免除等」という）を受けた場合には、結果として債務者の債務の消滅又は減少の効果を生じさせ、純資産を増加させます。この純資産の増加が利益の供与とみなされます。よって、当該債務の免除等があった時において、債務の免除等による利益を受けた者が、債務の金額に相当する額を債務の免除等をした者から贈与[1]によって取得したものとみなされます（相法8）。

　なお、「債務の免除」「引受け」「第三者のためにする債務の弁済」となるか否かについては、民法の解釈に従うことになります。

1　その行為が遺贈によってされた場合には、遺贈により取得したものとみなし、相続税が課税されます。

② 資力を喪失している場合

　債務の免除等が行われた場合においても、次に該当するときは、贈与税は課税されません（相法8）。

①　資力を喪失して債務を弁済することが困難である場合で、債務の全部又は一部の免除を受けたとき

②　資力を喪失して債務を弁済することが困難である場合で、扶養義務者によって債務の全部又は一部の引受け又は弁済がなされたとき

③ 求償権を有する場合

（1）求償権の行使

　第三者による債務の弁済は、債務者以外の者が債務者に代わって債務を弁済することをいいます。この場合、債務を弁済した者は、債務者に対して求償権を有することになります。求償権が行使された場合には、その部分には、贈与税は課税されません。

（2）連帯債務者及び保証人の求償権の放棄

①　連帯債務

　　連帯債務者が自己の負担する債務を超えて弁済した場合、その超える部分の金額について他の債務者に対し求償権を放棄したときは、その超える部分の金額については贈与税の課税対象となります（相基通8-3）。

②　保証債務

　　保証債務者が主たる債務者の弁済すべき債務を弁済した場合で、その求償権を放棄したときは、その放棄した額については贈与税の課税対象となります（相基通8-3）。

上記①②について、いずれも求償権を行使した場合には、贈与税は課税されませんが、上記①②に該当する場合には、他の債務者や主たる債務者は、資力を喪失し求償権を放棄せざるを得ない状況にあると考えられます。よって、これらの場合には、みなし贈与課税の対象になります。

POINT

　親が子の不動産・自動車ローンの単なる肩代わりをすることは、資力を喪失して債務の弁済が困難であり、その者の扶養義務者によって当該債務の全部又は一部の引受け又は弁済を行った場合には当たらず、贈与税の対象になると考えられます。

その他経済的利益（同族会社の株式の価額が増加した場合ほか）

私が経営している同族会社に、私名義の不動産を無償で提供しました。この場合、贈与税が課税されると聞いたのですが、どういうことでしょうか。

A 自身が経営する同族会社に無償で不動産を提供したことにより、同族会社の株式の価額が増加した場合には、他の株主に対して、増加した部分について贈与税が課税されます。

① 同族会社の株式の価額が増加した場合

対価を支払わないで、又は著しく低い価額の対価で利益を受けた者は、当該利益を受けた時において、利益の価額に相当する金額（対価の支払いがあった場合には、その価額を控除した金額）を贈与[1]により取得したものとみなされます（相法9）。

ただし、利益を受ける者が資力を喪失して債務を弁済することが困難である場合に、扶養義務者から債務の弁済に充てるために利益を受けたときは、贈与税は課税されません（相法9）。

この場合の「利益」とは、利益を受けた者の積極財産が増加した場合又は消極財産が減少した場合をいい、役務の提供は、相続税又は贈与税の課税対象となりません（相基通9-1）。

本問の場合、同族会社に不動産を無償で提供したことにより、他の株主

---

1 その行為が遺贈によってされた場合には、相続税が課税されます。

が所有する株式の価額が増加することになるため、その株式の価額の増加した部分に対して贈与税が課税されることになります（相基通9-2）。

なお、売主には、みなし譲渡課税の適用により、時価で譲渡したものとみなして譲渡所得税が課税されます。また、同族会社には、時価との差額に受贈益として法人税等が課税されます。

❷ みなし贈与の対象となる「その他経済的利益」を受けた場合

みなし贈与の対象となる「その他経済的利益」の具体例としては、次の場合が挙げられます。

① 同族会社の株式又は出資の価額が増加した場合（相基通9-2）
② 同族会社の募集株式引受権（相基通9-4、9-5）
③ 同族会社の増資に伴う失権株に係る新株の発行が行われなかった場合（相基通9-7）
④ 婚姻の取消し又は離婚により財産の取得があった場合（相基通9-8）
⑤ 財産の名義変更があった場合（相基通9-9）
⑥ 無利子の金銭貸与等（相基通9-10）
⑦ 負担付贈与等（9-11）
⑧ 共有持分の放棄（9-12）

❸ 離婚による財産分与

離婚による財産分与は贈与税が課税されませんが、諸般の事情を配慮してもなお過当であると認められる部分は、贈与税の課税対象となります。なお、財産分与として譲渡所得の基因となる不動産等の資産を給付した場合には、譲渡所得税が課税されることとなります。

④ 財産の名義変更があった場合

　不動産や株式等の名義変更を行った場合で、対価の授受が行われていないときは、贈与税の課税対象となります（相基通9-9）。

　財産の名義変更が行われた場合でも、それが贈与の意思に基づくものではなく、やむを得ない理由により行われたことが明らかであるときには、贈与税は課税されません[2]。

⑤ 夫が妻名義の不動産のリフォーム費用を出資した場合

　不動産の所有者は、その不動産から分離できない造作などは付合物として、その所有権を取得したことになります（民242）。夫が妻名義の家のリフォーム費用を出資した場合、当該リフォームは、付合により妻の所有に帰属することになるため、夫から妻への贈与があったものとみなし、リフォーム代相当額が贈与税の課税対象となります。

⑥ 無償又は無利子での貸与があった場合

　無償又は無利子で土地、家屋、金銭等の貸与があった場合には、その実態に応じて、贈与税の課税対象となる可能性があります。

⑦ 土地の使用貸借

　親子間の土地の使用については、相互に借地権を認識することはほとん

2　昭和39年5月23日付直審（資）22・直資68「名義変更等の行われた後にその取消し等があった場合の贈与税の取扱いについて」（個別通達）

どありません。そのため、土地の賃貸借であることが明らかな場合を除き、親子間等の親族間の土地の使用については、土地の使用貸借に係る価額をゼロとし、親子間等の親族間で土地を無償で借り受けたとしても、設定時に権利金相当の利益について贈与税は課税されません[3]。

POINT

　みなし贈与については、納税者本人が贈与税を課税されると認識していない場合が多いため、専門家の立場からの確認、助言が重要です。

3　昭和48年11月1日直資2-189ほか「使用貸借に係る土地についての相続税及び贈与税の取扱いについて」

Q96 贈与又は遺贈により取得したとみなす信託に関する権利

委託者と受益者が異なる信託を設定する場合、注意すべき点はありますか。

A 適正な対価を負担せずに信託財産の受益者となった場合、その受益者は、信託に関する権利を委託者から贈与又は遺贈によって取得したものとみなし、贈与税又は相続税が課税されます。

1 委託者と受益者が異なる信託

信託は、受託者に信託財産が移転されますが、税法上は実質的に利益を享受する受益者が信託財産を所有しているものとみなして課税されます。

信託契約により、受益者等が適正な対価を負担しないで信託の受益権を取得することは、信託に関する権利も委託者から贈与又は遺贈により取得したものとみなして贈与税又は相続税が課税されます（相法9の2①）。

この場合の受益者等とは、受益者としての権利を現に有する者及び特定委託者をいいます。

① 受益者としての権利を現に有する者

・信託法2条6項及び7項の規定により受益権を有する者

・信託法182条1項1号に規定する残余財産受益者

② 特定委託者

信託の変更をする権限を現に有し、かつ、信託財産の給付を受けることとされている者（受益者を除く）をいいます（相法9の2⑤）。

② 受益者の変更等

　受益者等の存する信託について、適正な対価を負担せずに新たに当該信託の受益者等が存するに至った場合（下記❹の場合を除く）には、当該受益者等が存するに至った時において、新たに当該信託の受益者等になる者は、当該信託に関する権利をその信託の受益者等であった者から贈与により取得したものとみなします（相法9の2②）。

③ 受益者の一部不存在

　受益者等の存する信託において、当該信託の一部の受益者等が放棄等により存しなくなった場合において、適正な対価を負担せずに、すでに当該信託の受益者等である者が、当該信託に関する権利について、新たに利益を受けることとなるときは、当該信託の一部の受益者等が存しなくなった時において、その利益を受ける者は、当該利益を当該信託の一部の受益者等であった者から贈与により取得したものとみなします。受益者等であった者の死亡を基因として取得した場合は、遺贈により取得したものとみなします（相法9の2③）。

　受益者等の存する信託に関する権利の一部について放棄又は消滅があった場合には、放棄又は消滅後の受益者等が、その有する信託に関する権利の割合に応じて、当該放棄又は消滅した信託に関する権利を取得したものとみなします（相法9の2-4）。

❹ 信託の終了

　受益者等の存する信託が終了した場合において、適正な対価を負担せずに当該信託の残余財産の給付を受けるべき、又は帰属すべき者となる者が

あるときは、その給付を受けるべき、又は帰属すべき者となった時において、当該信託の残余財産[1]を当該信託の受益者等から贈与により取得したものとみなします。当該受益者等の死亡に基因して信託が終了した場合には、遺贈により取得したものとみなします（相法9の2④）。

　上記❶から❹までの課税関係を具体的に示すと次のとおりになります。

【信託に対する贈与税・相続税の課税関係】

●委託者と受益者が異なる信託の設定（相法9の2①）

●受益者の変更等（相法9の2②）

●受益者の一部不存在（相法9の2③）

●信託の終了（相法9の2④）

POINT

　最近、自分の老後や介護時に備え「家族信託」が活用されています
が、この場合も委託者と受益者が異なるときには贈与税又は相続税の
課税対象となります。

1　当該信託の終了直前においてその者が当該信託の受益者等であった場合には、当該受益者等とし
　て有していた当該信託に関する権利に相当するものを除きます。

Q97 受益者連続型信託の特例

Aは賃貸不動産を所有しており、Aが死亡した後は、賃貸不動産より得られる賃貸収入を後妻に帰属させ、後妻が死亡した後は、賃貸収入及び賃貸不動産をCに帰属させる内容の受益者連続型信託を契約しました。この場合の課税関係はどのようになりますか。

・委託者兼第1次受益者：A
・第2次受益者：B（Aの後妻）
・第3次受益者：C（Aの前妻との子）

A Aが死亡したときに、受益者となるBは、賃貸不動産を相続により取得したものとみなし相続税が課税され、Bが死亡したときは、次の受益者となるCは、Bより賃貸不動産を遺贈により取得したものとみなし相続税が課税されます。

1 受益者連続型信託

相続税及び贈与税の対象となる受益者連続型信託とは、次の信託をいいます（相法9の3①、相令1の8）。

① 受益者の死亡により他の者が新たに受益権を取得する定めのある信託（信託法91）

② 受益者指定権等を有する者の定めのある信託（信託法89①）

③ 受益者等の死亡その他の事由により、受益者等の有する信託に関する権利が消滅し、他の者が新たな信託に関する権利を取得する旨の定め（受益者等の死亡その他の事由により順次他の者が信託に関する権利を取

得する旨の定めを含む）のある信託

④ 受益者等の死亡その他の事由により、その受益者等の有する信託に
　関する権利が他の者に移転する旨の定め（受益者等の死亡その他の事由
　により順次他の者に信託に関する権利が移転する旨の定めを含む）のある信託

⑤ ①から④までの信託に類する信託

❷ 受益者連続型信託の課税関係

　受益者連続型信託に関する権利を、最初の受益者が、適正な対価を負担
せずに取得した場合には、当該受益者連続型信託に関する権利を委託者か
ら贈与により取得したものとみなし贈与税が課税されます。委託者の死亡
に基因して最初の受益者が当該権利を取得した場合には、遺贈により取得
したものとみなし、相続税が課税されます（相法9の2①）。

　第2次受益者が、受益者連続型信託に関する権利を適正な対価を負担
せずに取得した場合には、最初の受益者から贈与により取得したものとみ
なして贈与税が課税されます。最初の受益者の死亡に基因して第2次受
益者が当該権利を取得した場合には、遺贈により取得したものとみなし、
相続税が課税されます（相法9の2②③）。第3次受益者以降についても同
様の取扱いとなります。

❸ 受益者連続型信託に関する権利の価額

　受益者連続型信託に関する権利の価額は、次のとおりになります。

① 受益者連続型信託に関する権利のすべてを適正な対価を負担しない
　で取得した場合

　……信託財産の全部の価額

② 受益権が複層化^(注1)された受益者連続型信託に関する収益受益

権^(注2)のすべてを適正な対価を負担しないで取得した場合

……信託財産の全部の価額

③ 受益権が複層化された受益者連続型信託に関する元本受益権^(注3)の全部を適正な対価を負担せずに取得した場合

……ゼロ

(注1)　受益権の複層化とは、受益権の内容を収益受益権と元本受益権に分けることをいいます。

(注2)　収益受益権とは、信託に関する権利のうち、信託財産を管理・運用して得られる収益を受けられる権利をいいます。

(注3)　元本受益権とは、信託に関する権利のうち、信託期間が終了した場合に、信託財産自体を得られる権利のことをいいます。

　受益権が複層化された受益者連続型信託の収益受益権を甲が、元本受益権を乙が有していたものを、収益受益権を丙に、元本受益権が丁に移転した場合における収益受益権の価額は、受益者連続型信託の信託財産そのものの価額と等しいと計算され、元本受益権の価額は、ゼロとなります。

　つまり、受益者が複層化された受益者連続型信託の元本受益権は、信託期間中には贈与税又は相続税は課税されませんが、信託が終了し、元本受益者が残余財産の給付を受ける場合には、贈与税又は相続税が課税されます。

　ただし、受益者連続型信託に関する権利を有する者が法人である場合には、上記の取扱いは適用されないこととされており、収益受益権が甲から法人に、元本受益権が乙から丁に移転した場合には、丁が有する元本受益権の価額はゼロとならず、信託受益権の評価（評基通202）によります（相基通9の3-1）。

　まとめると、受益者連続型信託に関する権利の価額は、以下の図のようになります。

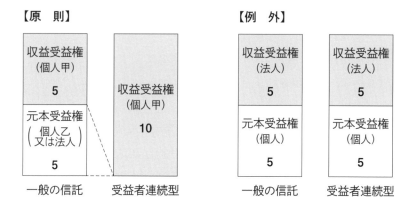

④ 受益権が複層化された信託

　受益者連続型信託以外の信託で、収益受益者と元本受益者が異なる信託（受益権が複層化された信託）が信託法164条の規定により終了した場合の課税関係は、元本受益者が、信託終了直前に収益受益者が有していた収益受益権の価額に相当する利益を収益受益者から贈与によって取得したものと取り扱います（相基通9-13）。具体的には次のとおりになります。

【例】貸地を20年間信託し、収益受益権は父、元本受益権は子が取得した場合

- ●前 提

  ・年利：0.5％
  ・年数20年の複利年金現価率：18.987
  ・年数15年（20年−5年）の複利年金現価率：14.417

- ●受益権の価額（信託期間20年）

  ・収益受益権……設定時：1,500万円 ×18.987＝2.85億円
  　　　　　　　　5年後契約解除時：1,500万円 ×14.417＝2.16億円

  ・元本受益権……設定時：3億円−2.85億円＝0.15億円
  　　　　　　　　5年後契約解除時：3億円−2.16億円＝0.84億円

- ●課税関係

  ・設定時：父→子　0.15億円の贈与
  ・5年後契約解除時：父→子　2.16億円の贈与

POINT
受益者が複層化された受益者連続型信託の元本受益権については贈与税又は相続税の課税関係は生じませんが、信託が終了し、元本受益者が信託の残余財産の給付を受けることとなる場合には、贈与税又は相続税の課税関係が生じます。

Q98　受益者等が存しない信託等の特例

受益者Aは委託者Bの親族ですが、残与財産の帰属権利者を特定していない停止条件を付した信託を設定しました。その場合の課税関係はどのようになりますか。なお、受託者はCになります。

A 信託の効力が生じる時に、受託者Cが委託者Bから信託に関する権利を贈与により取得したものとみなして贈与税が課税されます。なお、受益者が存しない信託が設定されたときは、受託者Cに法人税等も課税されるため、受託者Cに課税される贈与税から課税される法人税等は控除されます。

1 受益者等の存しない信託

遺言で設定した目的信託（例：死後のペットの管理をA法人に任せるなど）でみなし受益者がいない信託のように、現に権利を有する受益者がなく、受益者とみなされる者もいない場合には、受益者等の存しない信託となり、受託者に対し法人税課税がなされる法人課税信託となります。この場合、次のような課税関係が生じます（所法6の3、67の3、法法4の6、4の7、64の3）。

① 受託者（個人の場合には、法人とみなされる。以下同じ）

　信託財産に係る所得について、受託者の固有財産に係る所得と区別して法人税が課税されます。信託の設定時に、受託者に対し、その信託財産に相当する金額について受贈益課税が行われます。

②　委託者

　　信託財産の価額に相当する金額による譲渡があったものとみなされ、譲渡財産にキャピタルゲインが発生している場合には、委託者に対してキャピタルゲインが課税されます。

③　受益者等の存しない信託に受益者等が存することとなった場合

　　当該受益者等の受益権の取得による受贈益については、所得税又は法人税は課税されません。

④　受益者等の存しない信託が終了した場合

　　残余財産を取得した帰属権利者に対し、所得税又は法人税が課税されます。

　上記の課税関係においては、本問のように受益者Aに半年後受益権が生じる停止条件を付した信託をすることにより、相続税（最高税率55％）ではなく、法人税（実行税率：約30％）の負担で済ませてしまうことが考えられることから、相続税法９条の４及び相続税法９条の５のみなし贈与課税の規定が設けられています。

❷　信託の受益者等が委託者の親族等である場合（相法９の４①）

　受益者等の存しない信託において、信託の効力が生じた場合に、信託の受益者等が委託者の親族等であるときは、信託の受託者が、委託者から信託に関する権利を贈与によって取得したものとみなされ、贈与税が課税されます。

　信託の効力の発生が委託者の死亡による場合は、受託者は遺贈によって取得したものとみなされ相続税が課税されます。

　なお、受託者に課税された贈与税又は相続税からは、信託が設定されたときに課税された法人税等は控除することとされています（相法９の４④）。

　受託者が課税される贈与税等から控除される法人税等の額は、贈与税等の額を限度とされます。法人税等の額が贈与税等の額を超過した場合でも、還付はされません（相法9の4④、相令1の10）。

　ここでいう親族等とは、次の者をいいます（相令1の9①）。

① 6親等内の血族

② 配偶者

③ 3親等内の姻族

④ 信託の受益者等となる者が信託の効力が生じた時には特定されていない場合において、その後特定されることとなったときに、①から③に該当する者

⑤ 信託の委託者等が信託の効力が生じた時に存しない場合において、その後特定されることとなったときに、①から③に該当する者

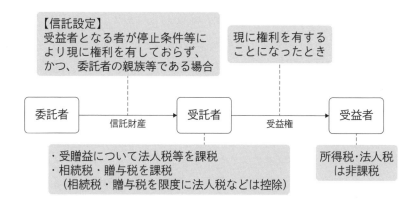

3 受益者等が存しないことになった場合において、その受益者等の次の受益者等が委託者等の親族等である場合（相法9の4②）

　当初受益者等が存する信託であったものの、その後受益者等が存しない信託になった場合に、次の受益者等となる者が、①信託の効力が生じたと

きの委託者の親族等、又は、②前の受益者等の親族等に該当する場合には、受益者等が存しないこととなった時に、信託の受託者に対し、前の受益者等から信託に関する権利を贈与によって取得したものとみなされ贈与税が課税されます。

　この場合、前の受益者等の死亡を基因とする場合には、遺贈によって取得したものとみなし、相続税が課税されます。

❹ 契約締結時において存しない者が信託の受益者等となる場合の特例（相法9の5）

　信託の設定において、まだ生まれていない孫等を受益者とする信託を設定した場合、受託者に対する課税だけで孫等への財産移転が可能となることから、受益者等の存しない信託において、信託の契約締結時に存しない者が信託の受益者等となる場合に、その受益者等が委託者の親族等であるときは、その存しない者が受益者等となる時に、その受益者等は、信託に関する権利を個人から贈与によって取得したものとみなし贈与税が課税されます（相法9の5）。

　この場合の「契約締結時に存しない者」とは、契約締結時において出生していない者、養子縁組前の者、受益者として指定されていない者などをいいます。

　なお、受益者等が存しない信託については、上記❷及び❸の受益者等が存しない信託等の特例（相法9の4）の適用の有無にかかわらず、本特例（相法9の5）が適用されます（相基通9の5-1、下図参照）。

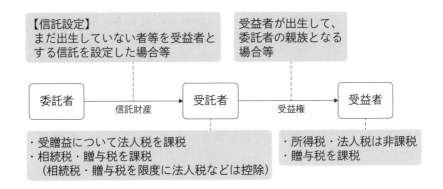

POINT

　受益者等が存しない信託を設定しても、将来、受益者となる者が委託者の一定の親族であれば、相続税又は贈与税が課税されます。

第 **7** 章

贈与税の計算
（含む特例）

贈与税の計算には、暦年単位課税と相続時精算課税があります。一般的には暦年単位課税を利用しているケースが多く、その場合には、受贈者に着目し、その受贈者が暦年（その年の1月1日から12月31日まで）で定額（110万円）を超える贈与を受けている場合に申告・納税が必要となります（贈与を受けた年の翌年2月1日から3月15日）。

ただし、直系尊属からの教育資金若しくは結婚・子育て資金のための贈与については一定の要件のもと非課税になります。また、一定の要件を満たした夫婦間における居住用不動産等の贈与については、贈与税の課税価格から最大2,000万円を控除する規定も設けられています。本章では、贈与税の計算（含む特例）を解説します。

Q99 贈与税の計算

贈与税の暦年課税はどのように計算するのでしょうか。その計算方法について教えてください。

A 贈与税の暦年課税の課税方式による税額の計算は、毎年1月1日から12月31日までの1年間に贈与を受けた財産の合計額に対し、その課税価格から基礎控除額等を差し引いた額に応じた10％～55％の累進税率を乗じる方法により行います。

1 贈与税の暦年課税方式による税額の計算

　贈与税は、個人から財産をもらったときに課税される税金です。つまり、贈与した人ではなく、贈与された人に申告と納税の義務があります。毎年1月から12月までにもらった財産について、翌年2月1日から3月15日までに申告・納税します。

　贈与税の暦年課税の課税方式による税額の計算は、その年の1月1日から12月31日までの1年間に贈与により取得した財産及び贈与により取得したものとみなされる財産の価額の合計額に対し、その課税価格から基礎控除等を差し引いた額に応じた10％～55％の累進税率を乗じる方法により行います（相法21の2、21の7）。

　なお、贈与により取得した財産のうちに非課税財産があるときは、課税価格計算の基礎に算入されません（相法21の3）。

　課税価格の計算から贈与税の納付税額までの計算過程を示すと、次のとおりとなります。

【第 1 段階　課税価格の計算】

本来の贈与財産＋みなし贈与財産＝課税価格

【第 2 段階　贈与税額の計算】

(贈与された財産の合計額（課税価格）－配偶者控除額－基礎控除額（110万円)）
　×累進税率－外国税額控除＝納付すべき贈与税額（100円未満の端数切捨て)

(注)　なお、相続時精算課税制度の適用を受ける贈与財産の税額計算について
は、**Q103**を参照。

② 贈与税の税率と税額

　贈与税額は、課税価格から贈与税の配偶者控除及び基礎控除（110万円)
を差し引いた額に対し、その額に応じ10%～55%の税率を乗じて計算し
ます（相法21の 7 、措法70の 2 の 5)。

　なお、贈与税の納税義務者が、代表者又は管理者の定めのある人格のな
い社団・財団又は持分の定めのない法人である場合には、贈与財産につい
て、贈与者の異なるごとに、贈与者の各一人のみから財産を取得したもの
とみなして算出した場合の贈与税額の合計額を納付すべき贈与税額としま
す（相法66①④)。

(1)贈与税の税率

　贈与税の税率は、直系尊属（父母や祖父母など）からの贈与により財産を
取得した受贈者（財産の贈与を受けた年の 1 月 1 日において18歳〔令和 4 年 3 月
31日以前の贈与については20歳〕以上の者に限る）の場合と、それ以外の場合
とで異なります。直系尊属からの贈与の場合は「特例税率」を適用し、そ
れ以外の場合は「一般税率」を適用して税額を計算します（次頁の表参照)。

　なお、特例税率の適用がある財産のことを「特例贈与財産」といい、ま
た、「一般税率」を適用する財産のことを「一般贈与財産」といいます。

一般贈与財産			特例贈与財産		
基礎控除後の 課税価格	一般税率	控除額	基礎控除後の 課税価格	特例税率	控除額
200万円以下	10%	―	200万円以下	10%	―
300万円以下	15%	10万円	400万円以下	15%	10万円
400万円以下	20%	25万円	600万円以下	20%	30万円
600万円以下	30%	65万円	1,000万円以下	30%	90万円
1,000万円以下	40%	125万円	1,500万円以下	40%	190万円
1,500万円以下	45%	175万円	3,000万円以下	45%	265万円
3,000万円以下	50%	250万円	4,500万円以下	50%	415万円
3,000万円超	55%	400万円	4,500万円超	55%	640万円

（2）税額算出方法

　基礎控除後の課税価格に対し、その該当欄の税率を乗じた金額から控除額を差し引いた額が税額です。

【計算例】

　① 10,000,000円の特例贈与財産の贈与を受けた場合

　　10,000,000円−1,100,000円＝8,900,000円

　　8,900,000円×30％−900,000円＝1,770,000円（贈与税額）

　② 6,000,000円の一般贈与財産と4,000,000円の特例贈与財産の贈与を受けた場合

　　（6,000,000円＋4,000,000円）−1,100,000円＝8,900,000円

　●一般贈与財産に対応する税額

　　（8,900,000円×40％−1,250,000円）×6,000,000円／10,000,000円

　　＝1,386,000円……ⓐ

●特定贈与財産に対応する税額

(8,900,000円×30％−400,000円)×4,000,000円/10,000,000円

　＝908,000円……ⓑ

●上記ⓐⓑの合計金額

1,386,000円＋908,000円＝2,294,000円（贈与税額）

POINT

　財産の贈与は相続税の節税のために行われることが多く、相続税対策と併せて考える必要があります。贈与税は贈与財産の価額が上がるほど税率が上がる累進税率が採用されています。一度に多くの贈与をしてしまうと、贈与税の負担が重くなりますので、相続税の税率と贈与税の税率を比較・検討することが重要です。

Q100 配偶者控除

婚姻期間が一定期間以上の夫婦間において、自宅不動産を配偶者に贈与した場合、税金計算の特例があると聞きました。その詳細を教えてください。

A 婚姻期間が20年以上ある配偶者に対し、居住用不動産又はその取得資金を贈与した場合、贈与した財産のうち2,000万円までの部分が非課税となる贈与税の配偶者控除の特例があります。

1 贈与税の配偶者控除の概要

　贈与税の配偶者控除とは、①夫婦の財産は夫婦の協力によって形成されたものであるとの考え方から夫婦間においては一般に贈与という認識が薄いこと、②配偶者の老後の生活保障を意図して贈与される場合が多いことから、婚姻期間が20年以上の配偶者から居住用不動産又はその取得資金の贈与を受けた場合、その贈与を受けた居住用不動産等の課税価格から2,000万円までの金額を控除することができる制度です（相法21の6）。

　なお、配偶者控除の額は、2,000万円と贈与を受けた居住用不動産等の価額のうちいずれか少ないほうの金額です。

2 適用要件

　贈与税の配偶者控除は次の①から③のすべての要件を満たす場合に適用されます。

① 配偶者との婚姻期間が20年以上あること

　　婚姻期間は戸籍上の婚姻期間に限られ、いわゆる内縁関係の期間は含みません。なお、年数を数えるときは、1年未満の端数は含みません。例えば、婚姻期間が19年9か月の場合は19年となり、配偶者控除は適用できないことになります（相基通21の6-7）。

② 次のイ又はロのいずれかの要件を満たすものであること

　イ　国内にある専ら居住の用に供する土地等又は家屋の贈与

　　その贈与を受けた日の属する年の翌年3月15日までに受贈者が居住し、かつ、その後も引き続き居住する見込みであるもの

　ロ　イの居住用不動産の取得資金

　　その金銭の贈与を受けた日の属する年の翌年3月15日までに取得した居住用不動産に受贈者が居住し、かつ、その後引き続き居住する見込みであるもの

③ 贈与税の申告書等が提出されること

　贈与税の配偶者控除は、その年の前年以前のいずれかの年において、同じ配偶者からの贈与につき既に贈与税の配偶者控除を受けている場合には、重ねてその適用を受けることはできません。

❸ 配偶者控除と基礎控除

　贈与税額の計算において、配偶者控除は基礎控除より先に控除します。よって、配偶者控除を受ける場合は、基礎控除額と合わせて最高2,110万円控除されます（相基通21の6-6）。

4 配偶者控除と生前贈与加算

　贈与税の配偶者控除の適用を受けた受贈財産のうち贈与税の配偶者控除相当額は、相続開始前３年以内に贈与を受けた財産に該当する場合には、相続税の課税価格の加算から除外されます（相法19）。

POINT

　相続税の節税対策として贈与税の配偶者控除を検討する場合には、相続税の小規模宅地等の特例や配偶者居住権などとの比較を行うことが大切です。

Q101 直系尊属から教育資金の贈与を受けた場合の贈与税の非課税

孫の教育資金援助を検討しています。孫の教育資金として祖父母や両親が教育資金の贈与をした場合には贈与税が非課税になると聞きました。制度の概要を教えてください。

A 令和5年3月31日までにおいて、両親や祖父母などの直系尊属である贈与者が、30歳未満の子どもや孫などの直系卑属である受贈者に、取扱金融機関との教育資金管理契約に基づいて教育資金を一括贈与した場合、教育資金一括贈与として受贈者1人あたり最大1,500万円、贈与税が非課税となります。

❶ 教育資金の一括贈与の非課税制度の概要

　教育資金の一括贈与の非課税制度（以下「本制度」という）とは、平成25年4月1日から令和5年3月31日までの間に、30歳未満の子や孫などの直系卑属である受贈者が、教育資金に充てるため、金融機関等との一定の契約に基づき、受贈者の父母や祖父母などの直系尊属（以下「贈与者」という）から、①信託受益権を取得した場合、②書面による贈与により取得した金銭を銀行等に預入をした場合又は③書面による贈与により取得した金銭等で証券会社等において有価証券を購入した場合には、その信託受益権又は金銭等の価額のうち1,500万円（習い事等は500万円）までの金額に相当する部分の価額については、取扱金融機関等の営業所等を経由して教育資金非課税申告書を提出することにより、贈与税が非課税となる制度です（措法70の2の2）。

　なお、受贈者が30歳に達するなどにより、教育資金口座に係る契約が終了した場合で、非課税拠出額から教育資金支出額を控除した残額があるときは、その残額はその契約終了時に贈与があったものとなります（措法70の2の2⑪）。

② 特例の対象となる贈与

　本制度の対象となる贈与とは、次の場合です。
① 贈与者と信託会社との間の教育資金管理契約に基づき受贈者が信託の受益権を取得した場合
② 書面による贈与により取得した金銭を、受贈者と銀行等との間の教育資金管理契約に基づき預金又は貯金としてその銀行等に預け入れた場合
③ 書面による贈与により取得した金銭等で、受贈者と金融商品取引業者との間の教育資金管理契約に基づき、その金融商品取引業者で有価証券を購入した場合

③ 適用手続

　本制度は、次の手続き等を行うことにより適用することができます。
（1）教育資金非課税申告書等の提出
　この特例の適用を受けるためには、受贈者は、教育資金非課税申告書を取扱金融機関の営業所等を経由して受贈者の納税地の所轄税務署長に提出しなければなりません（措法70の2の2③）。
（2）払出しの確認等
　受贈者は、払い出した金銭を教育資金の支払いに充てたことを証する書類（領収書等）を取扱金融機関の営業所等に提出しなければなりません（措

法70の2の2⑦）。

④ 受贈者が30歳に達した場合等における残高に対する課税

　教育資金管理契約は、①受贈者が30歳に達した場合、②受贈者が死亡した場合、③契約当事者の間で当該契約を終了させる合意があった場合に終了します（措法70の2の2⑫）。

　教育資金管理契約が終了した場合における残高に対する贈与税の課税については次のとおりとなります。

　なお、受贈者が30歳に達した場合においても、その達した日において、㋑学校等に在学している場合、又は、㋺教育訓練給付金の支給対象となる教育訓練を受けている場合のいずれかに該当するときは、教育資金口座に係る契約は終了しないものとされます。また、その達した日の翌日以後については、その年において上記㋑若しくは㋺のいずれかに該当する期間がなかった場合におけるその年の12月31日又はその受贈者が40歳に達する日のいずれか早い日に教育資金口座に係る契約が終了します。

① 受贈者が30歳に達した場合

　　非課税拠出額から教育資金支出額を控除した残額については、受贈者が30歳に達した日に贈与があったものして贈与税が課税されます（措法70の2の2⑫）。

② 受贈者が死亡した場合

　　非課税拠出額から教育資金支出額を控除した残額については、贈与税は課税されません（措法70の2の2⑫）。

③ 契約終了の合意があった場合

　　非課税拠出額から教育資金支出額を控除した残額については、合意に基づき教育資金管理契約が終了する日に贈与があったものとして贈与税が課税されます（措法70の2の2⑫）。

❺ 契約期間中に贈与者が死亡した場合

　信託等をした日から教育資金管理契約の終了の日までの間に贈与者が死亡した場合において、その死亡の日までの年数にかかわらず、同日における非課税拠出額から教育資金支出額を控除した管理残額を、受贈者が当該贈与者から相続等により取得したものとみなされます（措法70の2の2⑩⑪）。

　なお、贈与者の死亡の日において、受贈者が次のいずれかに該当する場合には、本取扱いの適用はありません。

　①23歳未満である場合

　②学校等に在学している場合

　③教育訓練給付金の支給対象となる教育訓練を受けている場合

❻ 管理残額に対する相続税額2割加算

　相続等により取得したものとみなされる管理残額について、贈与者の子以外の直系卑属に相続税が課される場合には、当該管理残額に対応する相続税額が2割加算されることになります。

POINT

　教育資金贈与（教育資金一括贈与）は相続税の節税効果が高い制度ですが、ここ数年の税制改正によって、これから契約を考える際には「受贈者の年齢や在学状況」「贈与者の年齢」などを考慮する必要があります。また、税制改正前から教育資金贈与をされている方は、拠出時期がどの税制下であったのかで一定の残額の計算が複雑となり、さらに相続税の2割加算が適用されるか否かを確認する必要があります。

Q102 直系尊属から結婚・子育て資金の贈与を受けた場合の贈与税の非課税

両親や祖父母から結婚資金や子育て資金を贈与されても、贈与税は非課税になると聞きました。この特例を受けるためにはどのような手続きを行えばよいのか、教えてください。

A 令和5年3月31日までにおいて、父母・祖父母などの直系尊属から結婚や子育てのために一括で贈与された資金については、受贈者1人あたり1,000万円(結婚のための費用は300万円)を限度額に、結婚・子育て資金一括贈与の非課税制度として、贈与税が非課税になります。

なお、適用を受けることができる受贈者は、18歳以上50歳未満で、かつ贈与が行われる前年の所得が1,000万円以下の者であることが要件とされています。

1 結婚・子育て資金の一括贈与の非課税制度の概要

結婚・子育て資金の一括贈与の非課税制度とは、平成27年4月1日から令和5年3月31日までの間に、18歳(令和4年3月31日以前は20歳)以上50歳未満で、かつ、贈与が行われる前年の所得が1,000万円以下の受贈者が、結婚・子育て資金に充てるため、金融機関等との一定の契約に基づき、受贈者の父母や祖父母などの直系尊属(以下「贈与者」という)から信託受益権を付与された際、書面による贈与により取得した金銭を銀行等に預入れをした場合又は書面による贈与により取得した金銭等で証券会社等で有価証券を購入した場合には、信託受益権又は金銭等の価額のうち、

1,000万円までの金額に相当する部分の価額については、取扱金融機関の営業所等を経由して結婚・子育て資金非課税申告書を提出することにより、贈与税が非課税となる制度です（措法70の2の3）。

❷ 結婚・子育て資金の範囲

　結婚・子育て資金とは、次に掲げる金銭をいいます（措法70の2の3②一、措令40の4の4⑥⑦、措規23の5の4②）。
　① 結婚に際して支払う次の費用（300万円を限度）
　　● 挙式費用、衣装代等の婚礼（結婚指輪）費用（婚姻の1年前の日以後に支払われたもの）
　　● 居住の用に供する家賃、敷金等の新居費用（婚姻の1年前から婚姻後1年以内に締結された賃貸借契約によるもので、締結後3年までに支払われるもの）、転居費用（婚姻の1年前から婚姻後1年以内に支払われたもの）
　② 妊娠、出産及び育児に要する次の費用
　　● 不妊治療・妊婦健診に要する費用
　　● 分べん費等・産後ケアに要する費用（出産後1年以内に支払われるもの）
　　● 受贈者の小学校就学前の子の医療費、幼稚園・保育所等の保育料（ベビーシッター代を含む）

❸ 贈与者が死亡した場合

　契約期間中に贈与者が死亡した場合には、死亡日における非課税拠出額から結婚・子育て資金支出額を控除した残額（以下「管理残額」という）を贈与者から相続等により取得したこととされます（措法70の2の3⑫二）。
　なお、相続等により取得したものとみなされる管理残額について、贈与者の子以外の直系卑属に相続税が課される場合には、当該管理残額に対応

する相続税額が２割加算されることになります。(相法19。ただし、令和３年３月31日以前の本特例の適用による残高は２割加算されない〔令和３年改正法附則75③〕。)

④ 管理契約終了時の課税

(1) 受贈者が50歳に達した場合

受贈者が50歳に達した場合には、その残額は契約終了時に贈与があったこととされます（措法70の２の3⑭、措通70の２の3-10)。

(2) 受贈者が死亡した場合

受贈者が死亡したことにより、結婚・子育て資金口座に係る契約が終了した場合において、非課税拠出額から結婚・子育て資金支出額を控除（管理残額がある場合には、管理残額も控除する）した残額があるときは、その残高は贈与税の課税価格に算入しないこととされます（措法70の２の3⑮、措通70の２の3-10（注）３）。

POINT
１．親や祖父母には、子どもや孫を「扶養する義務」があり、扶養義務者間において、通常必要となる「生活費」や「教育費」を「その都度」贈与する分については贈与税が課税されません。したがって、本制度のメリットは、祖父母世代から孫世代に「一括贈与」することで、相続税課税を二世代とばすことが挙げられます。 ２．本制度は毎年のように改正が行われています。よって、「いつの税制において拠出された贈与なのか」を把握し、相続税額の２割加算が適用されるか否かなどを確認する必要があります。

第 **8** 章

相続時精算課税制度

「相続時精算課税制度」とは、60歳以上の父母又は祖父母から18歳以上の子・孫への生前贈与について利用できる制度です。

この制度は2,500万円の特別控除があり、その限度額に達するまで控除することが可能です。相続時にはその贈与財産とその他の相続財産を合計した価額をもとに計算した相続税額から、すでに支払った贈与税額を精算します。

相続時精算課税制度を一度選択すると、暦年贈与を利用できません。本章では、「相続時精算課税の適用財産について贈与税申告を失念していた場合」「未分割申告において、相続時精算課税の適用財産が本来の相続財産を超える場合」「住宅取得等資金の贈与を受けた場合」を解説します。

Q103 相続時精算課税の適用財産について贈与税申告を失念していた場合

平成21年に父から2,000万円の現金の贈与を受け、当該現金に係る贈与については相続時精算課税制度を選択して、贈与税の申告を行いました。また、平成30年に父から110万円の現金の贈与がありましたが、110万円以下であったことから贈与税の申告は行っていませんでした。父は令和4年に他界しましたが、上記の父からの贈与は、父に係る相続税の申告に影響するでしょうか。

A 相続時精算課税適用者である子が特定贈与者である父から贈与を受けた現金2,000万円及び現金110万円は、相続時精算課税の適用を受ける贈与財産に該当することから、贈与税の申告の有無にかかわらず、父に係る相続税の計算上、相続財産に含まれます。

また、平成30年に受けた贈与についても、相続時精算課税制度による贈与税申告書の提出が必要となります。

1 相続時精算課税制度の概要

相続時精算課税制度とは、60歳以上の父母又は祖父母などから18歳（令和4年3月31日以前は20歳）以上の子又は孫に対し財産を贈与したときに選択できる制度です。

贈与により財産を取得した者が、贈与税の申告期限までに相続時精算課税選択届出書その他一定の書類を贈与税の申告書に添付して納税地の所轄税務署長に提出したときは、その贈与に係る財産について、この相続時精算課税制度の適用を受けることができます。

　なお、相続時精算課税制度を選択した年以後はその撤回はできず、相続時精算課税制度の適用者は、その贈与をした者（以下「特定贈与者」という）から贈与を受ける財産につき、その選択をした年分以降について相続時精算課税が適用されることとなります（相法21の9）。

　相続時精算課税制度の適用者がその年中において特定贈与者からの贈与により取得した財産に係るその年分の贈与税については、特定贈与者ごとの贈与税の課税価格からそれぞれ次に掲げる金額のうちいずれか低い金額を控除して計算します。

①　2,500万円（すでにこの条の規定の適用を受けて控除した金額がある場合には、その金額の合計額を控除した残額）

②　特定贈与者ごとの贈与税の課税価格

　なお、上記①又は②の控除は、期限内申告書にその控除額等を記載して提出することにより適用することができます（相法21の12②③）。

❷ 特定贈与者が死亡した場合の相続税（相法21の15、21の6）

　特定贈与者が死亡した場合、特定贈与者から相続又は遺贈により財産を取得した相続時精算課税制度の適用者の相続税の課税価格は、その死亡の時までに特定贈与者から贈与を受けた相続時精算課税制度の適用を受ける贈与財産の贈与時の価額を相続税の課税価格に加算した価額となります。

　また、相続時精算課税制度の適用者に課せられた贈与税があるときは、相続税額から当該贈与税の税額に相当する金額を控除した金額をもって、その納付すべき相続税額とします。

③ 本問の検討

　質問者は、平成21年において相続時精算課税選択届出書を提出していることから、平成30年において贈与を受けた現金110万円についても、相続時精算課税の適用を受けることとなります。

　この場合、暦年贈与とならないことから、110万円の基礎控除は適用できず、また、期限後申告であることから相続時精算課税の2,500万円までの特別控除も適用できません。したがって、22万円（110万円×20%）の贈与税の納税と申告が必要になり、無申告加算税等のペナルティもかかってきます。

　なお、110万円の贈与についても相続税の課税価格に加算する必要があり、また、当該贈与税額は相続税の計算上控除することができます。

POINT

1．相続時精算課税制度選択以後の贈与については、相続時精算課税の適用を受け、相続税の課税価格に加算する必要があります。
2．相続時精算課税に係る贈与税の期限後申告については、特別控除の適用はできません。

Q104 未分割申告において、相続時精算課税制度の適用財産が本来の相続財産を超える場合

　父が他界し、父の遺産4,000万円について、相続人であるＡ（私）、Ｂ、Ｃの3人で遺産分割協議を進めていましたが、意見が折り合わず、未分割で相続税申告を行うことになりました。また、生前において、私は父からの土地5,000万円の贈与について、相続時精算課税制度の適用を受けています。

　民法903条に従い、各相続人の相続分を下記のとおり計算したところ、私については、贈与財産の価額が相続分を超過してしまいました。これに対し、ＢとＣに法定相続分を相続させるには、遺産が6,000万円必要になり、2,000万円不足します。

　Ａ：(4,000万円 +5,000万円) × 1／3 −5,000万円＝△2,000万円
　Ｂ：(4,000万円 +5,000万円) × 1／3 ＝3,000万円
　Ｃ：(4,000万円 +5,000万円) × 1／3 ＝3,000万円

　この場合、未分割の相続税申告においては、どのように課税価格を計算すればいいでしょうか。

A　相続時精算課税制度の適用者であるＡは、贈与財産の価額が相続分を超過しているため、生前贈与額5,000万円が相続税の課税価格となります。これに対して、相続人Ｂ、Ｃは、未分割財産を民法903条による相続分の割合に従ってあん分し、各自の相続税の課税価格を計算することになります。

① 相続時精算課税制度の適用者の相続分

相続税の申告においては、相続若しくは包括遺贈により取得した財産の全部又は一部が相続税の申告期限までに分割されていないときは、その分割されていない財産については、各相続人が民法（904条の2〔寄与分〕を除く）の規定による相続分又は包括遺贈の割合に従ってその財産を取得したものとして、課税価格を計算します（相法55条）。

相続時精算課税制度の適用者は民法上特別受益を受けたものとされるため、相続時精算課税制度の適用者の相続分は、被相続人が相続開始時に有した財産の価額にその贈与の価額を加えたものを相続財産とみなし、民法900条から902条までの規定により算定した相続分の中から、その贈与の価額を控除した残額とみなされます（民903①）。

また、遺贈又は贈与の価額が、相続分の価額に等しく、又はこれを超えるときは、受遺者又は受贈者は、その相続分を受けることはできません（民903②）。

なお、超過部分を他の相続人に返還する必要もありません。したがって、未分割財産は、相続時精算課税制度の適用者以外の相続人で分割することになります。

③ 本問の検討

相続時精算課税制度の適用者であるAの相続税の課税価格は、相続時精算課税による生前贈与は特別受益となり、かつ、その額が相続分を超過していることから、相続時精算課税による生前贈与額5,000万円となります。

また、相続人B、Cの相続税の課税価格は、相続財産の総額9,000万円から上記の特別受益の額5,000万円を差し引いた残額に対し、民法903条

による相続分の割合を乗じた額2,000万円となります。

　A、B、Cそれぞれの相続税の課税価格算出の計算式は、次のとおりとなります。

・Aの課税価格
　5,000万円（贈与財産の価額）
・Bの課税価格
　4,000万円×3,000万円／6,000万円＝2,000万円
・Cの課税価格
　4,000万円×3,000万円／6,000万円＝2,000万円

POINT

1．相続時精算課税制度による贈与は、特別受益として取り扱われます。
2．当該贈与の価額が相続分の価額を超える場合には、相続分を受けることはできません。また、超過部分を他の相続人に返還する必要もありません。

Q105 住宅取得等資金の贈与と相続時精算課税に係る贈与税の特別控除の特例

　平成18年に父から住宅取得等の資金の贈与を受け、相続時精算課税に係る贈与税の特別控除の特例の適用を受けました。4,000万円の住宅取得等資金の贈与を受けましたので、当時、100万円※の贈与税を支払っています。

　※ ｛4,000万円−（2,500万円＋1,000万円）｝×20％＝100万円

　そして、令和4年に父が他界しました。当該贈与のうち、相続税の課税価格に持ち戻す金額を教えてください。

A 　相続税の申告上、住宅資金特別控除額1,000万円を含めた4,000万円を相続税の課税価格に持ち戻します。

　住宅取得等資金の贈与を受けた場合の相続時精算課税に係る贈与税の特別控除の特例（旧措法70の3の2）の適用を受けた住宅資金特別控除額については、特定贈与者の相続に係る相続時精算課税適用者の相続税の課税価格に加算することになります。

❶ 相続財産に計上を要しない住宅賃金贈与

　平成21年度税制改正により創設された租税特別措置法70条の2に規定する贈与税の非課税の規定の適用を受けて取得した住宅取得等資金については、非課税限度額までの金額について贈与者の死亡に係る相続税の計算上、その課税価格に加算する必要はありません（措法70条の2の3）。

❷ 相続財産に計上を要する住宅資金贈与

　現状ではすでに廃止となっている旧租税特別措置法70条の３の２の住宅資金特別控除の特例を受けた贈与がある場合には持戻しが必要となります。

　この特例制度は、相続税本法の相続時精算課税制度導入に合わせ、時限措置（平成15年１月１日から平成17年12月31までにした住宅取得資金等の贈与）として租税特別措置法に置かれた制度です。

　本法では、贈与者が65歳以上の親であるとの要件が課されているのに対し、この特例では、65歳未満の親からの贈与についても相続時精算課税制度を選択できる（以下「特例①」という）こととなっています（旧措法70の３）。また、本法では2,500万円とされている贈与時の特別控除額も、この制度の適用を受けた場合には、さらに住宅資金特別控除を最大で1,000万円上乗せできる（以下「特例②」という）ことになっています（旧措法70の３の２）。

　平成22年度の税制改正により、特例①については、措法70条の３として延長されましたが、特例②は、平成21年12月31日の適用期限をもって廃止されています。

　なお、旧租税特別措置法70条の３の２に規定されていた1,000万円の特別控除の特例は、相続時精算課税制度における特別控除額について通常の2,500万円に1,000万円を上乗せする特例であることから、この特例の適用を受けて取得した住宅取得等資金については、贈与者（特定贈与者）の死亡による相続税の計算において、受贈者（相続時精算課税適用者）の相続税の課税価格に加算することになります（相法21の15、21の16）。

POINT

　過去に税務署に提出された相続時精算課税の計算明細書において、「措置法第70条の３の２第１項の規定による住宅資金特別控除の特例の適用を受けます」に☑マークが入っていれば、持戻しが必要となります。

第 **9** 章

贈与税の申告と納税

贈与税の申告方法（暦年課税、相続時精算課税）によって、贈与者が亡くなり被相続人となった際、生前の贈与が相続財産に含まれる・含まれない、また、相続税の申告によって贈与税の控除ができる・できないなどの差が生じます。よって、贈与税の申告をする場合には、将来発生する相続税についても検討が必要です。

本章では、贈与税の申告と納税について、実例を挙げて押さえておくべきポイントを解説します。

Q106 生前贈与加算と贈与税期限後申告の関係

相続税申告の中で、相続開始より2年前に、被相続人から贈与を受けていたことがわかりました。本件贈与は、相続税の生前贈与加算の対象となるので、相続財産に含めて申告します。なお、本件贈与について贈与税の申告及び納税はしていなかったのですが、そのままでよいのでしょうか。

A　相続税の生前贈与加算の対象となる贈与について、基礎控除額を超えていた場合は贈与税の期限後申告及び納税が必要です。ただし、相続開始年の贈与については、贈与税の申告は不要です。

1　生前贈与加算制度の概要

相続などにより財産を取得した人が、被相続人からその相続開始3年以内に贈与を受けた財産があるときは、相続税の課税価額に贈与を受けた財産の受贈時の価額を加算します。

また、その加算財産に係る贈与税額は相続税の計算上控除されます（相法19）。

2　相続開始の年における贈与税申告

相続などにより財産を取得した人が、相続開始の年において被相続人から受けた財産があるときは、相続税の課税価額に加算されるものについて贈与税の申告は不要です（相法21の2）。

❸ 生前贈与加算と贈与税申告

　相続税の生前贈与加算の対象となるため贈与税の申告を要しないとされているのは、上記❷の場合のみです。

　したがって、贈与税の基礎控除額を超える場合など贈与税の申告をしていない贈与について、相続税の生前贈与加算の対象として贈与財産を相続財産に含めて申告するとしても、上記❷の場合を除き、贈与税の申告書を提出する必要があります。

　なお、贈与税を申告し納税した贈与税は相続税から贈与税額控除として控除されますが、贈与税の期限後申告による附帯税（無申告加算税及び延滞税）の負担は生じます。

　また、相続税額から控除できるのは贈与税本税のみで、負担が生じることとなった附帯税は控除できません。（相法19-1、相基通19-6）

POINT

1．生前贈与加算される財産でも贈与税の申告をしていない場合は、相続開始の年の贈与を除き、贈与税の申告が必要です。
2．生前贈与加算に係る贈与税額控除は本税のみで、附帯税は控除できません。

Q107 相続税額から控除できなかった贈与税額の還付

母が高齢なので、そろそろ相続のことを考えたいと思っています。私は母と同居しており、贈与税額が高額になることは承知していますが、母が所有している居宅（土地及び建物）を贈与してもらおうと考えています。生前に贈与してもらえば、相続発生時に私の兄弟との遺産分割協議の対象にならないので、確実に私のものになります。この場合、支払った贈与税は相続税申告で精算され、相続税の低い税率で再計算して還付してもらえるのでしょうか。

A 暦年贈与として申告した場合と相続時精算課税制度を適用して申告した場合で異なります。

　生前に受けた贈与について、相続時に相続財産に計上する必要があるか否か、また、計上した場合に相続税額からその贈与税額を控除した金額がマイナスとなったとき、そのマイナスの金額に相当する税額の還付を受けられるか否かは、暦年贈与の場合と、相続時精算課税の場合とで異なります。

❶ 暦年贈与の場合

　暦年贈与により贈与を受けていた贈与者が亡くなり被相続人となった場合において、その被相続人の生前に受けていた贈与は、次の生前贈与加算に該当する場合を除き相続財産に加算されません。

（1）生前贈与加算

相続税の生前贈与加算の制度により、相続又は遺贈により財産を取得した者が相続開始前3年以内に受けていた贈与については、相続税の課税価格にその贈与財産の価額が加算されます（相法19）。

これは、相続の開始が近いことを知った相続人等が被相続人の生前に贈与を受けることで相続税の負担を不当に軽減すること等を防止するため設けられた制度です。

（2）税額控除によりマイナスとなる場合

相続税額の算出により、各人の相続税額から、生前贈与加算による贈与税額、配偶者に対する相続税額の軽減、未成年者控除、障害者控除、相次相続控除及び在外財産に対する相続税額の控除により、相続税額がゼロとなる場合又は当該税額控除の金額が控除しきれない場合は、その者の納付すべき相続税額はないものとされます（相基通20の2-4(注)）。

したがって、各人の相続税額から生前贈与加算による贈与税額を差し引いてマイナスになっても、相続税又は贈与税の還付は生じないこととなります。

② 相続時精算課税の場合

相続時精算課税制度の適用者について、当該制度の対象となる贈与者が死亡した場合の相続税の課税価格は、相続時精算課税制度の適用を受ける贈与財産の贈与時の価額を相続税の課税価格に加算した価額となります。なお、相続財産の対象となった相続時精算課税適用財産について課せられた贈与税がある場合には、相続税からその贈与税額に相当する金額を控除します（相法21の15③）。

なお、相続税から相続時精算課税適用財産に課せられた贈与税額に相当する金額を控除した場合において、その金額がマイナスとなった場合に

は、その控除しきれない金額に相当する税額の還付を受けることができます（相法33の2①）。

POINT

　同居している居宅などを生前贈与により取得すると、遺産分割協議の対象にはならないメリットはありますが、相続税の申告時にその居宅に対し小規模宅地等の特例が適用できなくなり、贈与税を含めた税負担が増大するデメリットにも留意する必要があります。

■法人紹介

税理士法人チェスター

相続税専門の税理士法人。職員総数280名、全国に12拠点展開（東京八重洲本店、新宿、池袋、横浜、千葉、大宮、佐久軽井沢、名古屋、京都、大阪、神戸、福岡）。
年間2,000件（累計１万件以上）を超える相続税申告実績は税理士業界でもトップクラスを誇り、中小企業オーナー、医師、地主、会社役員、資産家の顧客層を中心に、専門性の高い相続税申告サービスやオーダーメイドの生前対策提案、事業承継コンサルティング等を行っている。各種メディアやマスコミからの取材実績やセミナー講師、テレビ出演の実績多数有り。会計事務所向けの相続税・事業承継業務の支援を行う「チェスター相続実務アカデミー」は、4,000名を超える税理士が参加している。

代表：荒巻善宏（公認会計士・税理士）　福留正明（公認会計士・税理士）

●ホームページ
https://chester-tax.com/

●税理士・公認会計士向け支援ページ
https://chester-tax.com/professional.html

【主　著】

『相続はこうしてやりなさい』（ダイヤモンド社、2010年９月）、『新版 相続はこうしてやりなさい』（ダイヤモンド社、2013年５月）、『「華麗なる一族」から学ぶ相続の基礎知識』（亜紀書房、2011年９月）、『税務調査でそこが問われる！ 相続税・贈与税における名義預金・名義株の税務判断』（清文社、2015年12 月）、『グレーゾーンから考える相続・贈与税の土地適正評価の実務』（清文社、2016年６月）、『海外財産・海外居住者をめぐる相続税の実務』（清文社、2017年６月）、『実務の流れがしっかりつかめる 相続税実務における農地・山林の評価』（清文社、2018年１月）、『税務署もうなずく 相続税の税務調査対応テクニック』（中央経済社、2018年４月）、『相続発生後でも間に合う 土地評価減テクニック 第２版』（中央経済社、2019年１月）、『相続専門税理士法人が実践する 相続税申告書最終チェックの視点』（清文社、2020年12 月）、『知らないと損、分かれば安心 相続税の申告80 のギモン』（幻冬舎、2021年３月）、『適用判定がすぐわかる！小規模宅地特例〜精選30実例から学ぶ生前対策〜』（ぎょうせい、2021年７月）、『新版 相続実務における雑種地評価』（清文社、2021年８月）、『税理士が本当に知りたい生前相続対策 ［頻出］ケーススタディ』（清文社、2021年12月）、そのほか、「日本経済新聞」「読売新聞」「週刊ダイヤモンド」「週刊東洋経済」などの取材多数。

■ 法人紹介

CST 法律事務所
遺産相続と税務訴訟に注力し、民商事一般を取り扱う法律事務所。弁護士4名が在籍。各弁護士の業務に取り組む姿勢として、「Clear」（明瞭）、「Simple」（簡潔）、「Tough」（しぶとい）をモットーに掲げ、その頭文字をとって事務所名とする。
代表弁護士：細越善斉

● ホームページ
https://www.cst-law.jp/

【著作・執筆等】
『普通の家でも起こる相続トラブル対策入門』（監修：細越善斉　発行：あさ出版、2021年3月17日）、『改正相続法に完全対応！ゼロからわかる相続と税金対策入門』（監修：CST法律事務所　発行：あさ出版、2019年3月27日）、『弁護士が教える　相続トラブルが起きない法則』（共著：細越善斉　発行：中央経済社、2015年8月1日）
週刊税務通信「最新未公表裁決」第2回、第7回、第14回、第21回、第24回、第28回、第32回、第39回（山田庸一）

■相続基本編　執筆者（監修者）紹介（50音順）

●第1編　民法相続

嶋津 保（しまづ たもつ）

CST法律事務所アソシエイト弁護士。元税理士。複数の法律事務所、国税不服審判所国税審判官などを経て現職。遺産分割、倒産・事業再生、税務訴訟分野に注力。

主な著書に『競売不動産取扱主任者試験 合格のためのポケットバイブル』（共著、税務経理協会、2014年10月）。

田上 尚子（たがみ なおこ）

CST法律事務所アソシエイト弁護士。元税理士。第二東京弁護士会こどもの権利委員会幹事。法律事務所勤務などを経て現職。遺産分割（国際相続）、離婚等の家事事件に注力。

細越 善斉（ほそごえ よしひと）

CST法律事務所代表パートナー弁護士。元司法書士。複数の法律事務所を経て現職。遺産分割・事業承継・会社法務に注力。

主な著書に『普通の家でも起こる相続トラブル対策入門』（共著、あさ出版、2021年3月）、『弁護士が教える相続トラブルが起きない法則』（共著、中央経済社、2015年8月）他。

山田 庸一（やまだ よういち）（監修者）

CST法律事務所パートナー弁護士。都内法律事務所、国税不服審判所国税審判官を経て現職。遺産分割・会社法務・租税訴訟分野に注力。

主な執筆に「実務家が知っておくべき『最新未公表裁決』」（週刊税務通信）（執筆者の一人）。

●第2編　相続税・贈与税

河合 厚（かわい あつし）（監修者）

税理士法人チェスター東京本店代表兼審査部部長。社員税理士。東京国際大学特任教授。国税不服審判所審査部長、税務署長などを経て現職。

主な著書に『適用判定がすぐわかる！小規模宅地特例』（共著、ぎょうせい、2021年7月）、『税理士が本当に知りたい生前相続対策』（共著、清文社、2021年12月）他。

紀村 瞳（きむら ひとみ）

税理士法人チェスター大阪事務所部長。税理士。税理士法人を経て現職。相続税申告業務を担う。

チェスター相続実務研究所に難解な相続税事例に係る記事を執筆。

小関 和夫（こせき かずお）

税理士法人 LR パートナーズ代表社員。税理士。税務署長、税理士法人チェスター審査部などを経て現職。

主な執筆に「相続税申告・調査をめぐるエビデンスの整え方（各種特例を受けるためのエビデンスの整え方）」（月刊税理2021年11月号）。

髙櫻 寛（たかざくら かん）

税理士法人チェスター東京事務所部長。税理士。信用金庫、会計事務所、資産税専門の大手税理士法人社員税理士を経て現職。15年近い相続税をはじめとする資産税業務への従事経験を通じ、様々な形態の相続に精通。

近岡 三喜子（ちかおか みきこ）

税理士法人チェスター千葉事務所代表。社員税理士。都内大手税理士法人を経て現職。

主な著書に『相続実務における雑種地評価』（共著、清文社、2021年7月）、『海外財産・海外居住者をめぐる相続税の実務』（共著、清文社、2017年6月）他。

松波 愛（まつなみ あい）

税理士法人チェスター横浜事務所部長。税理士。生命保険会社、複数の会計事務所、都内税理士法人を経て現職。

主な執筆に「「清算型相続」への対応」（月刊税理2020年12月号）。チェスター相続実務研究所に難解な相続税事例に係る記事を執筆。

吉原 沙也（よしわら さや）

税理士法人チェスター横浜事務所部長。税理士。相続税申告業務を担う。養子縁組や代襲相続を含む相続税申告、未分割申告など様々な形態の相続税申告を得意とする。

主な著書に『海外財産・海外居住者をめぐる相続税の実務』（共著、清文社、2017年6月）他。

精選Q&A 相続税・贈与税全書
相続基本編

2022年12月5日　発行

編著者　　税理士法人チェスター／CST法律事務所 ©

発行者　　小泉　定裕

発行所　　株式会社 清文社

東京都文京区小石川1丁目3−25（小石川大国ビル）
〒112-0002　電話03（4332）1375　FAX03（4332）1376
大阪市北区天神橋2丁目北2−6（大和南森町ビル）
〒530-0041　電話06（6135）4050　FAX06（6135）4059
URL https://www.skattsei.co.jp/

印刷：藤原印刷㈱

■著作権法により無断複写複製は禁止されています。落丁本・乱丁本はお取り替えします。
■本書の内容に関するお問い合わせは編集部までFAX（03-4332-1378）またはedit-e@skattsei.co.jpでお願いします。
■本書の追録情報等は、当社ホームページ（https://www.skattsei.co.jp/）をご覧ください。

ISBN978-4-433-72982-0